명화로 만나는 생태

국립생태원 참여 연구원

[생태정보 제공 및 감수]

김영준(야생동물의학)   이수길(수의학)   장지덕(동물생태)
김동혁(동물생태)   김두환(동물생태)   주종우(동물생태)

[기획위원]

강종현(생태교육)   김경순(복원연구)   김영건(복원연구)
박상홍(생태전시)   박영준(연구정책)   이태우(생태조사)
차재규(생태평가)   문혜영(미술사)   유연봉(출판기획)
이진원(출판기획)

명화 선정 자문

이주헌(미술평론가)

명화로 만나는 생태
❻ 가축과 반려동물

발행일 2023년 8월 30일 초판 1쇄 발행

글 김성화·권수진 | 그림 김진화
발행인 조도순 | 책임편집 유연봉 | 편집 이정대 | 기획 문혜영
외주진행 공간D&P(편집 임형진 | 디자인 권석연) | 명화정보조사 서현주
발행처 국립생태원 출판부
신고번호 제458-2015-000002호(2015년 7월 17일)
주소 충남 서천군 마서면 금강로 1210 / www.nie.re.kr
문의 041-950-5999 / press@nie.re.kr

ⓒ 김성화, 권수진, 김진화, 국립생태원 National Institute of Ecology, 2023
ISBN 979-11-6698-269-9 74400   979-11-6698-000-8 (세트)

[일러두기]
명화 정보는 작품명, 작가명, 제작 연도, 소장처 순서입니다. 정보가 없을 경우 표시하지 않았습니다.

이 책에 실린 모든 글과 그림을 저작권자의 허락 없이 무단으로 사용하거나
복사하여 배포하는 것은 저작권을 침해하는 것입니다.

⚠ **주의** 다칠 우려가 있습니다. 본 도서를 던지거나 떨어뜨리지 않도록 주의하십시오.
★ 환경 보전을 위해 친환경 용지를 사용하였습니다.

명화로 만나는 생태

❻ 가축과 반려동물

글 김성화·권수진 / 그림 김진화

들어가는 글

명화로 만나는 가축과 반려동물 이야기

이 책에는 스무 점의 동물 그림이 실려 있어.

나귀, 말, 소, 돼지, 양, 순록, 닭, 개, 고양이, 거위, 오리, 칠면조, 기니피그, 금붕어, 거북, 카멜레온!

농장에 사는 가축이거나 사람의 집에 함께 살며 주인에게 사랑받으며 우정을 나누는 반려동물이야.

혹시 너의 집에 이런 동물 중 하나라도 함께 살고 있어?

그렇다면 이 이야기가 무척 흥미로울 거야.

1마리도 없다고?

그렇다면 동물 1마리쯤 당장 집에 데려오고 싶을지 몰라.

그거 알아? 사람들 곁에 살고 있지만 가축과 반려동물은 옛날에 야생 동물이었어! 소와 돼지와 강아지와 고양이와 금붕어를 보며 상상할 수 있겠어? 녀석들이 옛날에 야생 동물이었다는 걸?

수많은 동물 중에서 왜 어떤 동물은 인간과 함께 살게 되었을까?

왜 다른 동물은 그렇게 되지 않았을까?

맨 처음 가축이 된 동물은 무엇일까?

들어가는 글

하하, 그 동물은 바로 바로 늑대야. 늑대의 후손이 개가 되었다면 믿을 수 있겠어? 늑대는 결코 길들여지지 않는 동물인데 어떻게 사람의 곁에 살게 되었을까?

어떤 동물은 완전히 가축화되지 않았고 아직도 가축이 되어 가는 중이야! 북극 마을의 순록들은 인간의 썰매를 끌지만, 인간의 집과 야생을 왔다 갔다 하며 숲속 깊은 곳으로 들어가 스스로 번식하고 스스로 먹이를 구해!

고양이도 그래. 여전히 한 발은 야생에, 한 발은 인간의 집에 걸치고 살고 있어. 들락날락 번식을 제멋대로, 먹이도 스스로 구해. 까칠하고, 냉담하고, 독립적이야!

너는 어떤 동물과 함께 살고 있어?

동물과 함께 산다는 건 신비하고 경이로운 경험이야!

동물과 인간이 함께 살게 된 이야기를 들어 볼래?

하루에 한 동물씩 천천히 소리를 내어 읽어.

누군가에게 읽어 달라고 해도 좋아!

차례

들어가는 글　/ 4

나귀는 정말 훌륭한 짐꾼이야　〈품평가들〉, 허버트 윌리엄 위크스　　/ 8

누가 맨 처음 말에 올라탔을까?
〈알프스를 넘는 나폴레옹〉, 자크 루이 다비드　　/ 16

옛날에 소는 야생 동물이었어　〈니베르네의 쟁기질〉, 로자 보네르　　/ 24

돼지가 멍청하게 보여?　〈키르케와 오디세우스의 동료들〉, 브리턴 리비에르　　/ 34

양과 염소는 함께 있어야 행복해
〈양 떼와 함께 있는 양치기 소녀〉, 장 프랑수와 밀레　　/ 44

순록은 이끼를 먹고 살아　〈활기찬 순록 썰매〉, 언드라시 마르코　　/ 52

뿔난 어미 닭은 병아리를 되찾았을까?
〈들고양이, 병아리를 훔치다(야묘도추)〉, 김득신　　/ 60

거위의 조상은 기러기야　〈깜짝 놀라다〉, 가에타노 키에리치　　/ 70

오리가 너를 따라올지 몰라　〈유압도(영모도)〉, 전(傳) 홍세섭　　/ 80

칠면조가 쫓아오면 너무 무서워　〈칠면조〉, 클로드 모네　　/ 88

개는 인류 최초의 가축이야
〈개와 자고새가 있는 풍경〉, 알렉상드르 프랑수아 데포르트　　/ 96

차례

개가 늑대라고? 〈아스니에르에서의 물놀이〉, 조르주 쇠라 / 104

우리나라 개를 만나 〈모견도〉, 이암 / 112

고양이는 그냥 고양이일 뿐이야 〈흰 고양이와 나비〉, 아서 헤이어 / 120

우리나라에는 야생 고양이가 없었어 〈참새와 고양이(묘작도)〉, 변상벽 / 128

앵무새는 사람의 말을 하고 싶은 게 아니야 〈젊은 여인〉, 에두아르 마네 / 136

거북을 키워 보았어? 〈강아지들과 거북〉, 에드가 헌트 / 144

기니피그는 가장 작은 가축이야
〈기니피그와 포도 바구니〉, 안토니오 델레 베도베 / 152

금붕어가 축구를 한다고? 〈금붕어 어항〉, 전(傳) 찰스 에드워드 페루지니 / 160

카멜레온의 기분을 알아맞혀 봐
〈카멜레온〉, 우스타드 만수르 / 170

찾아보기 / 178
참고 도서 / 180

품평가들
허버트 윌리엄 위크스, 1890년경, 개인 소장

나귀는 정말 훌륭한 짐꾼이야

하하! 나귀 3마리가 풀밭에 세워 놓은 그림을 뚫어져라 쳐다보고 있어. 무슨 그림일까? 화가는 어디 갔을까? 웃음이 절로 나오는 그림이지 뭐야.
나귀야, 그림 속에 뭐가 보이는 거야?
이 그림은 허버트 윌리엄 위크스라는 영국의 화가가 그렸어. 농장의 동물들을 유머러스하고 따스하게 잘 그린 화가로 유명해.
이 그림도 그렇게 보이지 않아? 심지어 제목이 〈품평가들〉이야!
그림을 품평하는 나귀들이 너무 웃겨. 미술 평론가라도 되는 듯이 귀를 쫑긋하고 들여다봐.
뭐가 그려져 있을까?
하하, 혹시 자기들 모습이 그려져 있는 것이 아닐까?

나귀야, 그림이 마음에 들어?

별로라고?

제법이라고?

잘생겼어?

푸하하!

가을날 저녁, 나귀들이 풀을 뜯다가 이젤 앞에 모였나 봐.
화가가 기르던 나귀일까? 농장을 지나가다가 우연히 나귀를 그린
걸까? 어쩌면 농장 주인이 자기네 나귀를 그려 달라고 화가에게
부탁한 건지도 몰라.

화가가 이 그림을 그렸을 때는 1890년쯤이고, 그때는 집집마다
농장마다 나귀를 많이 길렀어. 사람도 타고, 짐도 싣고! 나귀는 지금의
자동차나 트럭과 다름없었어.

나귀는
몸집이 작아도 힘이 세고
야무지고 단단해!

나귀는 기르기 까다로운 동물이 아니어서 사람들이 오래전부터
가축으로 길렀어.

나귀는 귀가 커!

사람들이 언제 어디서 나귀를 가축으로 기르기 시작했을까?
그건 아무도 모르는 일이야.
하지만 나귀는 아주 오랫동안 사람들 곁에서 일을 했어. 자그마치 7000년 동안이나!

**가축이 되기 전,
나귀의 조상은 아마도
아프리카야생나귀가 아닐까
추측해.**

아프리카야생나귀는 지금은 멸종위기 동물이 되었어.
먼 옛날 북아프리카의 사하라 지역에서 사람들이 아프리카야생나귀를 길들인 것 같아.
기원전 5000년 이전에 사하라는 지금처럼 건조한 사막이 아니었어.
비가 오고, 얕은 호수와 옹달샘이 있었어. 그런데 어쩐 일인지 기원전 5000년 무렵부터 사하라는 건조해지기 시작했어.
물과 풀을 찾기가 점점 어려워져서 사람들이 동물을 데리고 더 넓은 지역으로 멀리 이동해야 했는데, 소는 데리고 다니기 까다로운 동물이었어. 쉽게 탈수를 일으켜서 하루에 한 번은 물을 먹어야 하고,

되새김질을 해야 해서 자주 쉬어야만 했거든.
나귀는 그렇지 않았어! 소보다 빨리 걷고, 험준한 곳에서도 잘 걸었어.
지치지도 않고!
나귀는 탈수를 잘 견뎌서 2~3일에 한 번만 물을 먹게 훈련시킬 수
있었고, 힘이 세서 나귀 등에 땔나무와 물, 살림살이, 어린아이와
동물을 실었어.

나귀는 정말 훌륭한 짐꾼이야!

이동하지 않을 때 나귀는 밭일을 하고, 곡식을 빻고, 죽으면 고기까지
내어 준 소중한 동물이었어.
이렇게 지푸라기를 먹고, 까다롭지 않고, 불평불만이 없는 나귀가
이야기책에서는 멍청이, 고집불통으로 나오기도 해. 꼼짝도 하지
않고 시끄럽게 울어 대며 고집을 부려서 주인을 골탕 먹이는
골칫덩어리로 말이야.
하지만 나귀는 고집이 센 게 아니야.
나귀는 강인하고 조용하고 영리한 동물이야. 자기가 감당할 수 없는
일을 직감하고 꼼짝도 하지 않는 거라고!

터벅터벅!

기나긴 나귀 행렬이 산을 넘고 사막을 건너 식량과 물, 먼 나라의 진귀한 물건과 생필품을 실어 날라. 길이 좁고 위험한 곳일수록 나귀가 진가를 발휘해. 먼 나라의 왕들에게 줄 진귀한 선물과 보석, 옷감, 소금 같은 생활용품, 광산에서 캐낸 광물을 등에 싣고, 수백 마리 나귀 행렬이 사막과 계곡을 가로질렀어.

자동차도 비행기도 없던 시대에 나귀는 도시와 도시를, 나라와 나라를 이어 주었어. 바다에 해양 선단이 있었다면, 육지에는 나귀 대상 행렬과 몰이꾼이 있었어!

나귀가 없었다면 이집트 왕들은 아시아의 진귀한 물품을 구경도 하지 못했을걸. 일평생 나귀가 얼마나 고마웠으면 파라오의 무덤에 나귀를 함께 묻어 주었을까.

나귀는 정말 훌륭한 짐꾼이야

알프스를 넘는 나폴레옹
자크 루이 다비드, 1800년경, 말메종 국립 박물관

누가 맨 처음 말에 올라탔을까?

이 그림의 제목은 〈알프스를 넘는 나폴레옹〉이야.
1800년경 5월의 어느 날, 프랑스의 나폴레옹 장군이 말을 타고
알프스 산맥을 넘어 이탈리아로 진격하고 있어. 그림 속에 나오진
않지만 나폴레옹 장군의 뒤로 엄청난 기마 군단이 구불구불 알프스의
험준한 협곡을 오르고 있을걸.
멋진 망토를 휘날리며 나폴레옹 장군이 말머리 방향으로 손을 높이
치켜들고 있어.
5월인데도 날씨는 우중충하고 스산해.
히이이이이이~잉!
알프스 산맥에 힘차게 울려 퍼지는 말의 울음소리가 들려오는 것
같지 않아?

하지만 이 그림은 실화가 아니야.

나폴레옹이 알프스를 넘을 때는 날씨가 화창했고, 나폴레옹 장군은 현지인이 끄는 노새를 타고 있었다고 전해져 와.

그렇다면 화가는 왜 이런 그림을 그렸을까?

하하, 나폴레옹 장군이 알프스를 넘어 이탈리아를 점령했다는 소식을 듣고 이웃나라의 스페인 왕이 벌벌 떨며 나폴레옹에게 이 그림을 선물했어.

그림을 자세히 보면 치켜든 말발굽 아래쪽 바위에 글씨가 보여. 나폴레옹보다 1000년도 더 전에 알프스 산맥을 넘은 두 영웅의 이름이 새겨져 있어.

카르타고의 장군 한니발과 신성 로마 제국의 샤를마뉴 대제야. 어쩌면 나폴레옹 장군이 자신의 초상화에 두 영웅의 이름을 넣어 달라고 부탁했을지 몰라.

하지만 나폴레옹 장군이 초상화를 위해 화가에게 모델을 서 준 시간은 고작 세 시간뿐이었어.

할 수 없이 화가는 나폴레옹의 조각상을 갖다 놓고 얼굴을 그릴 수밖에 없었다고 해. 그리고 자신의 아들을 사다리 꼭대기에 앉히고 포즈를 취하게 했다는 거야. 화가는 사납게 몰아치는 바람 속에 말갈기와 망토를 휘날리게 해서 나폴레옹 장군의 위엄이 돋보이게 해 주었어.

그럼 뭐 해. 나폴레옹은 짐작도 하지 못했을걸. 훗날 아이들의 책 속에서 초상화의 주인공이 나폴레옹이 아니라 말이 될 줄은!
하하, 그림을 봐.
말이 말하는 것 같지 않아?

"히이이이이이~잉! 나야 나, 주인공은 나라고!"

정말 그런 것 같아. 황제의 명령으로 장군의 초상화를 그리게 되었지만, 마치 화가가 정말로 마음을 담아 그리고 싶었던 건 장군이 아니라 말이라는 듯이, 멋진 말의 초상화가 되었지 뭐야!
멋진 갈기와 휘날리는 꼬리, 강인한 다리와 발굽, 근육질의 빛나는 엉덩이를 좀 봐.
이 그림은 프랑스의 혁명주의 화가, 다비드가 그렸는데 화가는 세 시간밖에 보지 못한 장군보다 말에 대해 훨씬 더 많이 알고 있었던 게 틀림없어.

누가 맨 처음 말에 올라탔을까?

장군과 왕, 귀족들이 위풍당당하게 타고 다니던 말은 맨 처음 어디에서 왔을까?
오늘날 사람들이 기르는 모든 말의 조상은 빙하 시대에 유라시아의 북쪽, 춥고 메마른 스텝 지역에 살던 야생말이었어. 야생말들은 꿈에도 몰랐을 거야. 자기들의 후예가 먼 훗날 사람을 등에 태우고, 짐마차를 끌고, 전차를 몰고 전쟁에 나가게 될 줄은!

쉿, 여기는 1만 7000년 전, 유라시아의 초원이야.

메마른 초원에 빙하에서 불어오는 차가운 흙바람이 몰아치고 있어. 야생말 한 무리가 등 뒤로 거센 바람을 맞으며 옹기종기 모여 풀을 뜯어. 암말이 무리를 이끌고 새끼를 안쪽에 넣고 보호해.
무리가 풀을 뜯는 동안 수말이 지키고 있어. 머리를 치켜세우고 꼬리를 흔들다가 마음이 놓였는지 다시 풀을 뜯어.
앗, 마음을 놓으면 안 돼. 근처에 사냥꾼들이 숨어 있어.
사냥꾼들은 야생말 무리가 늘 다니던 길에 숨어 있다가 덮치거나 물웅덩이에 진을 치고 기다렸어. 무리를 막다른 길로 몰아넣고 수말을 먼저 죽이고 암말들과 새끼 말들을 사냥했지.

인간은 오랫동안 야생말을 사냥했어.
1만 6000년 전에 벌써
8만 마리가 넘는 야생말들이 사라졌어.

인간이 언제부터 말을 타게 되었을까?

동물 고고학자들도 모르는 수수께끼야.

빙하 시대에는 유럽과 시베리아, 몽골, 중국, 한반도까지 야생말들이
살았지만 빠르게 멸종되었어. 사람들이 우연히 말을 가축으로
길들이지 않았다면 말은 빙하 시대의 동굴곰, 매머드, 마스토돈처럼
지구에서 영영 사라졌을지 몰라.
위험이 닥치면 마구 발길질을 하며 날쌔게 달아나는 야생말들을
어떻게 길들였을까?

누가 맨 처음 이 대단한 동물 등에 올라타는 걸 상상했을까?

어쩌면…… 용감하고 젊은 사냥꾼이 창을 들고 사냥감의 심장에
일격을 가하려고 펄쩍 뛰어올랐는지도 몰라! 상상해 봐. 앞발을 높이
치켜들고 마구 날뛰는 야생말에 단단히 매달려 있는 용감한 사냥꾼의
모습을.
초원에서 능숙하게 말을 타게 된 사람들은 먼 훗날 농경지를 떠나
유목민이 되었어. 인간이 초원을 걸어 다니던 시절에는 상상도 할 수
없을 만큼 머나먼 거리를 새로운 풀을 찾아 소 떼와 양 떼를 몰고
이동했어. 자동차가 나오지 않았다면 우리는 아직도 말을 타고
다니고 있을지 몰라!

니베르네의 쟁기질
로자 보네르, 1849년, 오르세 미술관

옛날에 소는 야생 동물이었어

사진일까? 그림일까?
너무 생생해서 그림이 사진 같아!
여기는 1849년, 프랑스의 한 시골 마을이야. 농부와 소들이 쟁기질을 하며 밭을 갈고 있어.
하지만 농부들은 조연이고, 황소들이 주인공이야.
채찍을 들고 소를 모는 농부와 뒤쪽에서 쟁기를 잡고 가는 농부는 보일락 말락 조그맣고, 줄 지어 가는 우람한 황소들이 햇볕 속에 눈이 부셔. 누렁소, 흰 소, 얼룩무늬 황소들이 둘씩 짝을 이뤄 쟁기를 끌고 있어.
소가 모두 몇 마리일까?
세어 봐!

세었어?

앞쪽에 6마리, 뒤쪽에도 6마리야. 모두 12마리 소들이 무겁게 쟁기를 끌고 있어.

얼마나 힘들까? 소들이 쟁기를 끌고 지나간 자리엔 흙이 거뭇거뭇 일어나 있고, 아직도 갈아야 할 잡초 밭이 드넓게 펼쳐져 있어.

휴, 저걸 언제 다 갈아?

이 그림의 제목은 〈니베르네의 쟁기질〉인데, 프랑스 최고의 여류 화가이자 조각가, 로자 보네르가 그렸어.

보네르는 평생 동물을 관찰하며 그림을 그리고 조각했어.

그 움직임이 어찌나 생생한지, 마치 살아 있는 동물을 눈앞에서 보는 듯했어.

보네르는 동물을 가까이에서 관찰하기 위해 몇 달 동안 농장에 머물며 소와 양과 염소들을 연구하고, 남자로 변장해 도축장과 가축 품평회장에 들어가 해부학을 공부했어. 노년에는 퐁텐블로 숲에 저택을 마련하고 농장에 동물들을 길렀어.

〈니베르네의 쟁기질〉은 보네르가 20대 중반에 그린 거야.

젊은 여류 화가의 그림이라고는 믿을 수 없을 만큼 그림이 웅장해.

황소들이 우람해!

음매에에에―.

들려? 황소들의 울음소리가 우렁차!

일을 마치고 온 소들이
밥을 달라고 해.

터벅터벅, 밭에서 쟁기를 끄는 소들은 알까?
자기들의 조상이 먼먼 옛날 초원에서 풀을 뜯던 거대한 야생
소였다는 것을?
오늘날 사람들과 함께 살며 일소와 젖소, 고기소가 된 수많은 소들의
조상은 빙하 시대에 인도와 유럽과 북아프리카에 퍼져 살았던 거대한
초식 동물 오룩스야!

오룩스는
소보다 몸집이 크고, 다리가 길고, 커다란 뿔이 나 있었어!

오룩스는 무리 지어 살고, 흥분하면 빠르게 내달리는 거친
동물이었어. 빙하 시대에 사람들은 창을 가지고 이 거대한 초식
동물을 사냥했어. 구석기 시대의 유명한 라스코 동굴 벽화에 그려져
있는 붉은 황소가 바로 오룩스야. 사람들은 오룩스를 사냥하다가 1만
년 전부터 길들이기 시작했어. 그리고 벌써 8000년 전부터 오룩스가
쟁기를 끌었다는 거야.
거칠고 거대한 오룩스를 도대체 어떻게 사로잡아 길들였을까?

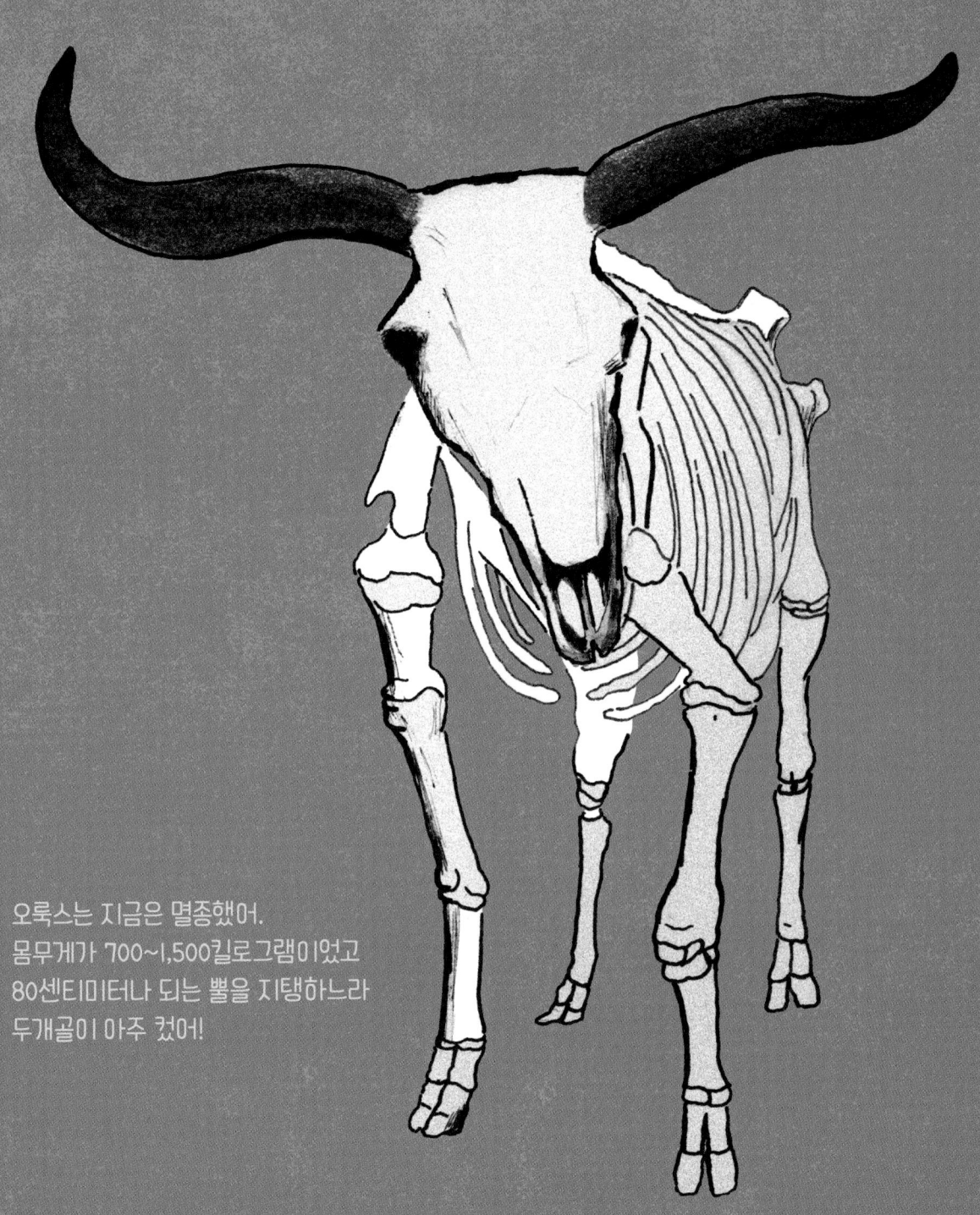

오룩스는 지금은 멸종했어.
몸무게가 700~1,500킬로그램이었고
80센티미터나 되는 뿔을 지탱하느라
두개골이 아주 컸어!

우리는 모두 오룩스의 후예야.

오룩스는 언제나 포식자를 경계하며 예측할 수 없는 사나움을
드러내던 무시무시한 동물이었어.
오룩스처럼 거칠고 큰 동물을 길들이기는 결코 쉽지 않았을 거야.
아마도 무리에서 떨어져 나온 어린 오룩스를 몰아 울타리에 가두고,
먹이를 주며 기른 게 아닐까 추측해.
오룩스의 후예가 세계 곳곳으로 퍼져 나가 소의 품종이 생겨났어.
타우린 품종은 등에 혹이 없고, 인디쿠스 품종은 등에 큼직한 혹이
있어. 사람들이 타우린과 인디쿠스를 교배해 또 1,000가지가 넘는
소의 품종들을 만들어 냈어.

소는 하루에 14시간쯤 배를 깔고 쉬거나, 자거나, 되새김질을 하며 보내.

소는 풀을 좋아해. 그런데 위 속에 풀을 소화시켜 줄 효소가 없어서
먹은 풀을 게워 내 온종일 되새김질을 해야만 해.
소의 위처럼 되새김질을 하는 위를 '반추위'라 불러.
반추위는 신기한 장기야!

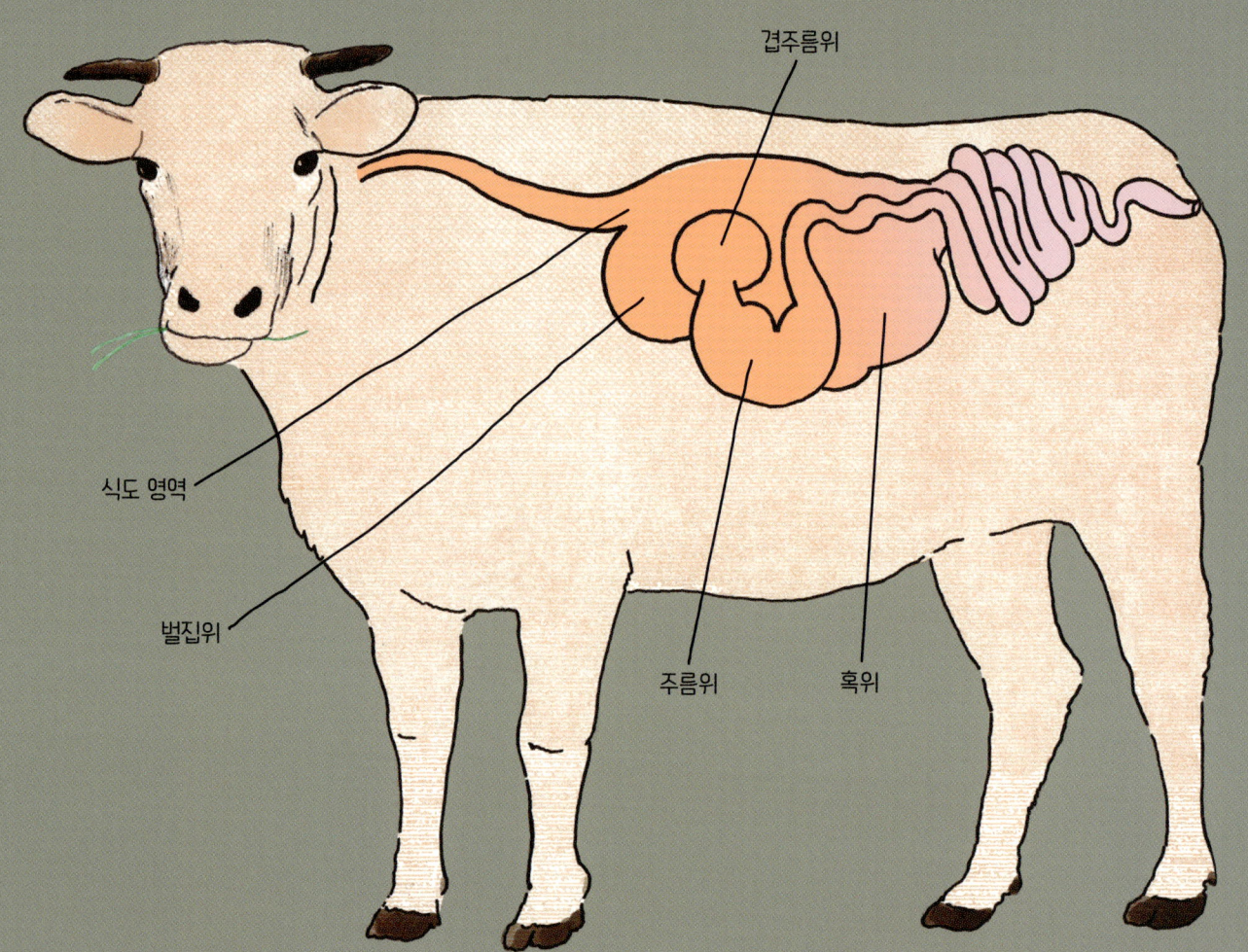

소, 양, 염소, 낙타는 반추 동물이야. 먹은 걸 게워 올리고, 씹어서 삼키고, 또 게워 올리며 되새김질을 해. 야생에서 늘 포식자를 경계하며 허겁지겁 풀을 삼켰다가 안전한 곳에 가서 다시 되새김질을 하는 거야.

소의 위는 혹위, 벌집위, 겹주름위, 주름위로 나뉘어져 있어. 혹위에 먹이를 저장하기 때문에 가장 커. 혹위에는 소화액이 없는 대신, 풀을 발효시켜 줄 미생물이 많이 살고 있어. 하지만 미생물이 내뿜는 메탄가스와 이산화 탄소가 소화 기관 속에 쌓여. 소는 쉴 새 없이 방귀를 뀌고 트림을 해야만 해! 트림을 못하면 가스가 차서 병이 나고 죽기도 해. 그런데 요즘 소의 방귀와 트림이 지구 온난화를 부추긴다고 난리야. 그건 소의 잘못이 아니야. 매일 고기를 먹겠다고 사람들이 소를 너무 많이 기른 탓이야.

소를 가까이에서 본 적 있어? 소의 커다란 눈망울을 바라본 적이 있어?

소는 지능이 높고 영리한 동물이야. 고통을 느끼고, 울고, 호기심이 많고, 음악을 좋아하고, 기억을 잘해. 두려움과 공포를 느끼고, 괴로움과 분노, 흥분, 우울을 느끼는, 감정이 있는 동물이야. 인류는 수천 년 동안 소와 함께 살았지만 소의 습성과 신비에 대해서는 아직도 모르는 게 너무 많아!

키르케와 오디세우스의 동료들
브리턴 리비에르, 1871년, 개인 소장

돼지가 멍청하게 보여?

우아! 돼지다!
꿀꿀! 꿀꿀!
돼지들이 아름다운 소녀 앞에 모여 있어. 뭐 하는 거지?
하얀 드레스를 입고 기다란 황금빛 머리카락을 늘어뜨린 소녀의 이름은 키르케야. 그리스 신화에 등장하는 여신 말이야. 키르케는 '아이아이에'라는 전설의 섬에 살면서 섬에 오는 사람들을 동물로 바꾸는 마법을 부려.
그렇다면?
저 돼지들도 사람이었던 걸까?
누가 돼지로 변신한 거지?
돼지들은 바로 바로 영웅 오디세우스의 부하들이야!

어떻게 된 거냐고?

영웅 오디세우스는 트로이를 함락시키고 고향으로 돌아가는 길이었어. 가는 길에 섬에 배를 대게 되었는데 제비를 뽑아 23명의 부하들을 보내 섬을 탐험하게 했어.

부하들이 키르케의 저택 앞에 이르렀는데 문 앞에는 늑대와 사자들이 지키고 있었지. 하지만 키르케는 환대하며 부하들을 저택 안으로 들였어. 그러고는 부하들에게 약을 탄 술을 마시게 하고, 지팡이로 때려 돼지로 만들어 버렸지 뭐야.

부하들은 영영 돼지로 살았을까? 그럴 리가. 소식을 들은 오디세우스가 부하들을 구하러 달려오고, 키르케는 오디세우스와 사랑에 빠져 자식을 낳고, 부하들을 원래의 모습으로 되돌려 주었다는 이야기야.

돼지로 살면 어떨까? 잠시 동안 돼지가 되어 보았던 오디세우스의 부하들에게 물어보고 싶은걸.

이 그림은 1871년에 영국의 동물화가 브리턴 리비에르가 그렸어. 브리턴 리비에르는 동물을 너무 사랑해서 동물 그림을 많이 그렸는데, 특히 개와 고양이, 말, 앵무새처럼 사람들 곁에서 살아가는 동물을 즐겨 그렸어. 브리턴 리비에르의 그림을 보고 있으면 동물들의 마음이 느껴져.

〈키르케와 오디세우스의 동료들〉 속의 돼지들도 그래!

여신은 먼 산만 바라보는데, 맨 앞줄에서 앞발을 올리고 고개를
치켜들고 꿀꿀거리는 돼지, 그 뒤에 호기심에 차서 올려다보는 돼지,
그 뒤에 천하태평으로 잠자고 있는 돼지, 짚 더미에서 부스스 몸을
일으키는 돼지, 그 뒤에 아예 푹신한 짚 더미에 몸을 파묻고 얼굴만
내민 돼지가 보여.
돼지가 먹고, 자고, 꿀꿀거리기만 한다고?
천만의 말씀!

돼지는 놀라운 동물이야!
호기심이 많고, 성격이 있어!
지능이 높고, 시끄러워!

꿀꿀! 꿀꿀! 꽥꽥! 꽥꽥! 요란한 소리를 내. 감정을 표현할 줄 알아.
이 그림을 그린 화가도 알고 있었던 게 틀림없어.
돼지가 멍청하게 보여?
그건 돼지들을 하릴없이 우리 안에 빽빽하게 가둬 놓았기 때문일
뿐이야. 사람들은 몰라. 자유롭게 풀어놓으면 돼지가 얼마나 영리하고
즐거운 동물인지!

돼지는 동물의 왕국에서 제일 영리한 동물에 속해.

돼지는 코끼리 다음으로 똑똑하고 개보다도 똑똑해. 개처럼 사냥감을 물어 오게 훈련시킬 수 있고, 양치기를 도와 양을 몰 수 있어.

짧은 거리를 놀라운 속도로 달리기 때문에 경비 돼지로 활약하고, 냄새를 잘 맡아서 마약도 탐지해.

1898년, 미국의 돼지 서커스단에서 활약한 돼지들의 이야기를 들어 볼래?

어느 날 서커스단에서 재주를 부리던 돼지들이 너무 커 버려서 조련사가 어린 돼지들을 새로 들여 훈련을 시켰어. 어린 돼지들은 얼마 안 가서 재주를 익혔어. 조련사는 원래의 돼지들을 이웃 농장에 팔아 버렸어. 드디어 새 돼지들이 무대에 오르는 쇼가 개막되는 밤이 되었어. 밴드는 평소에 연주하던 음악을 연주하기 시작했어.

그런데 농장에 팔린 돼지들이 멀리서 그 소리를 듣고는 서커스단에서 익힌 곡예를 부려 농장 울타리를 뛰어넘었어. 쇼가 시작되기 직전에 무대로 뛰어올라 어린 돼지들을 밀어내고, 수레를 차지하고, 시소에 오르고, 사다리를 탔다는 거야!

하지만 돼지의 인지 능력에 관한 연구는 별로 없어. 돼지의 인지 능력에 관한 진실이 밝혀지면 곤란해지기 때문일지 몰라.

인간에게 가장 많은 고기를 제공하는 돼지를 고기로 먹는 일이 불편해질지도.

돼지가 얼마나 똑똑한지는
아무도 몰라.

멧돼지는 맹수야.
멧돼지들은 숲을 떠돌며 주둥이로
땅을 파헤쳐 먹이를 찾아다녔어.
그러다가 우리의 조상, 원시인들이 모아 놓은
두엄 더미를 뒤지기 시작했는지 몰라.

1만 년 전,
인류는 멧돼지를 잡아 공격성을 없애고,
돼지를 길들였어.
꿀꿀! 꿀꿀! 집돼지가 되었어.

돼지의 골격 해부도를 봐!

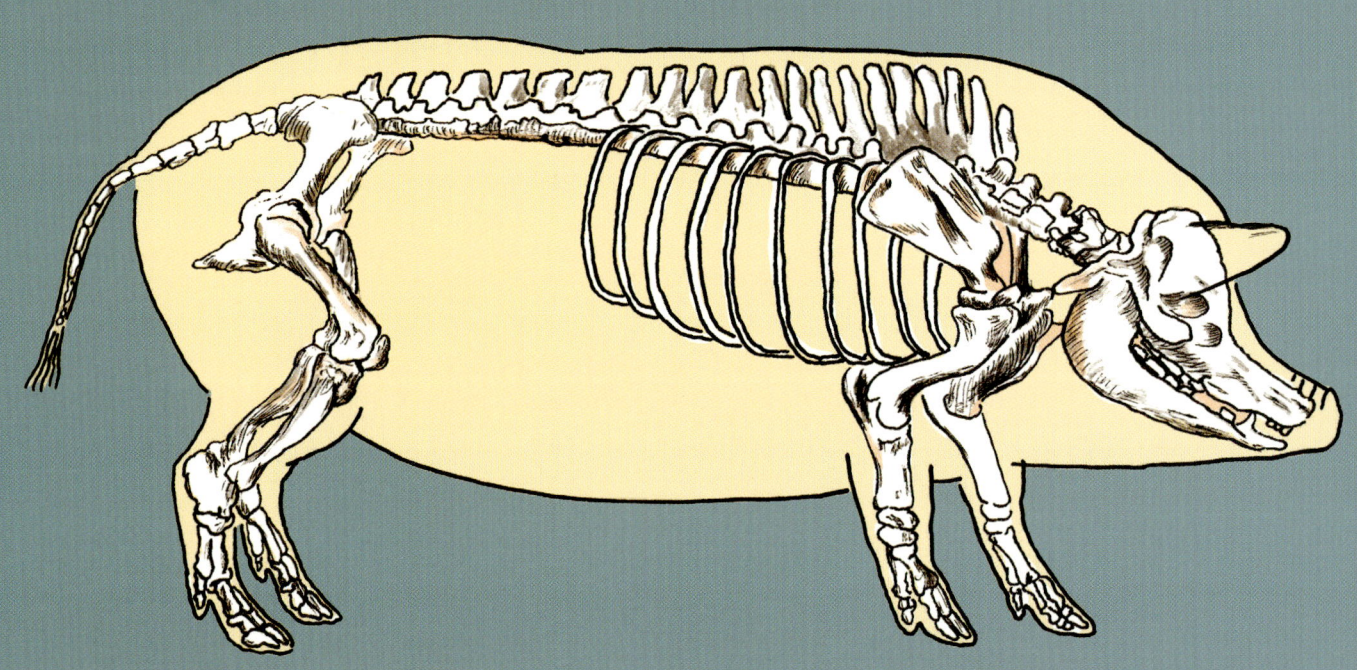

어쩐지 사람의 골격과 닮지 않았어?

비슷한 게 없다고? 해부도를 머리가 위쪽으로 향하도록 돌려놓고 봐.
우리는 두 발로 서고 돼지는 네 발로 다닌다는 것을 잠시 잊고,
허리와 궁둥이, 가슴뼈로 부드럽게 이어지는 몸통을 봐!
골격뿐만이 아니야. 돼지와 인간은 혈관계와 심장, 이빨, 소화계와 위,
피부가 가장 비슷해. 그래서 심한 화상을 입은 환자에게 돼지 피부를
이식하고, 심장 판막이 손상된 환자에게 돼지의 심장 판막을 이식해.
언젠가 돼지는 인간에게 가장 적합한 장기 기증자가 될지 몰라.
연구가 성공하면 인간에게 심장과 콩팥, 간, 폐, 각막을 제공할 수
있어. 하지만 아직 갈 길이 멀어. 심장 판막 외에는 면역 거부 반응을
극복할 방법을 찾지 못했어.
돼지가 먹보라고? 더럽다고? 게으르다고? 그건 돼지를 전혀 알지
못하는 사람들의 잘못된 생각일 뿐이야. 돼지가 먹기만 하는 건
우리에 갇혀 무료하기 때문이야.
돼지는 땅파기를 좋아하고 목욕을 좋아해!
돼지는 인류에게 너무 중요한 동물이야. 그러니 마땅히 돼지에게
고마워해야 해. 우리에게 고기를 주고, 환자를 살려. 해마다 수억 마리
돼지들이 목숨을 잃어.

양 떼와 함께 있는 양치기 소녀
장 프랑수와 밀레, 1863년경, 오르세 미술관

양과 염소는 함께 있어야 행복해

가슴이 뻥 뚫리는 초원이야.

멀리 지평선이 보여?

구름이 해를 가려 하늘도 신비롭게 물든 저녁 무렵이야.

양 떼가 풀을 뜯고 있어. 풀밭이 저렇게 넓은데 어떻게 저렇게 모여 있을까? 양털 망토를 두르고 빨간 두건을 머리에 쓴 소녀가 작대기를 들고 홀로 양 떼를 지켜.

너무 심심한가 봐. 양 떼를 등지고 선 채 뜨개질을 하고 있잖아?

양들이 뿔뿔이 흩어지면 어쩌려고?

걱정 마. 1마리라도 튀어나오면 양치기 개가 달려들어 몰아 줄 거야.

보여? 양 떼 뒤쪽에 검은 양치기 개 1마리가 양 떼에서 눈을 떼지 않고 있어!

이 그림은 1863년경, 프랑스의 풍경화가 밀레가 그렸어. 밀레의 그림은 너무 유명해서 옛날에는 집의 거실, 가게, 교회, 마을 회관 같은 곳에서 복제화 한두 점쯤은 흔히 볼 수 있었어.

〈씨앗 뿌리는 사람〉, 〈만종〉, 〈이삭줍기〉 같은 그림들이 유명해. 시골 풍경 속에 평범한 농부의 하루를 어찌나 잘 그려 놓았던지 사진처럼 보일 정도야. 밀레의 그림 속 농부들은 정말로 바로 지금 거기에 있는 것만 같아!

화가가 되기 전에 농부였던 밀레가 말했어. '일생 동안 나는 농촌밖에 보지 못했다. 나는 내가 본 것을 솔직하게, 되도록 능숙하게 표현할 뿐이다.'

밀레의 그림 속 농부들의 하루하루는 고단해 보여. 그런데도 한없이 소박하고 경건한 모습이야. 보는 사람의 마음도 따라서 평온해지고 겸허해져.

〈양 떼와 함께 있는 양치기 소녀〉도 그래. 드넓은 초원에 나가 매일 양 떼를 돌보는 소녀의 하루하루가 느껴지는 그림이야. 온종일 지루하고 힘들 텐데 묵묵히 양 떼를 돌봐.

뉘엿뉘엿 해가 지고 있어. 조금 있으면 소녀와 양치기 개는 양 떼를 몰고 집으로 돌아갈 거야.

메에에에에에에—.

양 떼들의 울음소리가 들려오는 것만 같아.

양 떼를 몰고 집에 가까이 오면 놀라운 광경이 펼쳐져.
어미 양들이 몹시도 슬픈 표정을 짓고 울어 대기 시작해.
집에 새끼 양들이 기다리고 있거든.

어미의 울음소리를 들은 새끼들도 미친 듯이 어미를 부르며 울어 대!

어미는 새끼를 찾아, 새끼는 어미를 찾아 수백 마리 양들이
야단법석을 피워. 뿌옇게 흙먼지 구름이 피어올라.
메에에에에에에—. 메에에에에에에—.
어미 양과 새끼 양들의 울음소리로 초원이 아수라장이 돼. 서로
알아볼 수 있을까? 놀랍게도 이런 북새통 속에서도 어미 양들은
정확히 자기 새끼를 찾아 젖을 물린다는 거야! 자기 새끼가 아닌
엉뚱한 양이 젖을 달라고 다가오면 냉정하게 뿌리쳐. 심지어 머리로
받아 버리기도 한다니까.
어미 양들은 목소리를 듣고 새끼를 찾아. 그런 다음 냄새를 맡아
확인하고 젖을 먹여.
그렇게 초원의 하루가 저물어.

이튿날이 되면 어미 양과 새끼 양은 다시 눈물의 생이별을 해.
어미와 새끼가 온종일 함께 있으면 새끼에게 젖을 먹이느라 제대로
먹지 못해서 어미의 몸이 허약해지기 때문이야.

초원의 유목민들은 아침마다 어미를 새끼에게서 떼어 내 멀리 끌고 나가.

새끼를 두고 가는 어미와 홀로 남겨진 새끼들이 메에에에에에에—
또다시 슬프게 울어!
그렇게 서러운 생이별을 하고 헤어졌건만, 초원에 나오면 어미
양들은 온종일 맛있게 풀을 뜯어. 집에 남겨진 새끼들도 장난을 치며
노느라 정신이 없어.
하하, 꼭 너의 어릴 적 모습 같지 않아? 엄마 아빠와 헤어져
어린이집과 유치원에 홀로 남겨질 때처럼 말이야.
양과 염소는 개 다음으로 빨리 가축이 되어 인간과 함께 살았어.
지금의 이라크 지역에서 가축이 된 것 같아. 먼 옛날, 벌써 1만 년
전에 말이야.

양의 조상은
야생 양 무플론이야.

가축이 되어 뿔이 사라지고
다리가 짧아졌어!

가축이 된 양과 염소는 전 세계로 퍼져 나갔어. 지구에 양과 염소가 없는 곳은 거의 없어. 몽골의 초원, 히말라야, 황량한 고비 사막, 남아메리카의 안데스, 오스트레일리아의 초원, 아프리카의 사바나까지 퍼져 살고 있어.

그거 알아? 양과 염소는 같이 있어야 행복해. 양은 순하고 염소는 고집이 있는데도 말이야.

양과 염소는 먹이 습관이 달라. 양은 땅 위로 뻗은 풀의 윗부분을 잘라 먹고, 염소는 식물의 가지와 땅속에 박힌 뿌리도 먹어. 또 풀을 뜯는 동안 양은 한곳에 머무르려 하고, 염소는 성격이 급해서 빨리 앞으로 나가려고 해. 그래서 둘을 함께 섞어 놓아. 양이 한곳에 너무 오래 머무르려고 하면 염소들이 새로운 곳을 찾아 앞으로 나가. 반대로 양들은 염소가 너무 빨리 가지 못하게 막아 줘. 옛날부터 유목민들은 양과 염소를 함께 길러서 너무 빠르지도 않게 너무 느리지도 않게 적당한 속도로 이동하면서 풀을 뜯게 했어.

추운 겨울이 오면 염소는 양들 사이에서 따뜻하게 지낼 수 있어. 양들에겐 따뜻한 털이 있잖아? 염소끼리만 있으면 너무 추워!

사람들은 털갈이를 하지 않고 평생 털이 자라는 양을 만들어 냈어.

때마다 양털을
깎아 주지 않으면
이렇게 돼!

2021년, 오스트레일리아의 숲속에서 길 잃은 양이 발견되었어.
오랫동안 털을 깎지 못해서 털 무게만 35킬로그램이 되었다는 거야.
양털 스웨터 61벌을 만들 양이야!

활기찬 순록 썰매
언드라시 마르코, 1800년대 중반, 개인 소장

순록은 이끼를 먹고 살아

호호 호호, 온 세상이 얼어붙었어!
하늘마저도 꽁꽁 얼어붙은 것 같아.
새하얀 눈밭 위로 순록 4마리가 썰매를 끌고 있어.
"나만 따라와요!"
맨 오른쪽에 있는 순록이 그렇게 말하는 것 같지 않아? 고개를
치켜들고 힘들지도 않은가 봐. 뽐내 듯이 앞발을 내밀고, 빠르게
사뿐사뿐 눈밭 위를 달리고 있어.
썰매 위에는 젊은 부부가 올라타 있고, 가운데에 아이도 앉혔어.
털외투를 입고 털모자를 쓰고 있어.
얼마나 추울까? 얼마나 신날까? 모두 설레는 표정이야. 썰매를 따라
뛰는 개들까지도!

이 그림은 이탈리아의 화가 언드라시 마르코가 그렸어. 제목이 〈활기찬 순록 썰매〉인데 제목처럼 모두가 정말 활기차 보여! 산타 할아버지도 바로 이런 순록 썰매를 몰고 다녀. 루돌프가 바로 순록이라는 말씀! 마르코는 뛰어난 풍경화가였는데, 특히 풍경 속에 사람과 동물을 조그맣게 그려서 풍경을 더 광활하게 보이게 했어.

세 가족이 썰매를 타고 어디로 가는 걸까? 여기는 어디일까? 1년 중 9개월이 겨울인 북극의 어느 마을이야. 살을 에는 추위와 바람, 눈보라가 몰아쳐 기온이 영하 50도까지 내려가는 곳이야.

그렇게 추운 곳에서 동물이 어떻게 살까? 사람이 어떻게 살까? 인간과 순록이 힘을 합쳐 살아.

순록은 북극과 가까운 툰드라가 고향이야. 추운 숲속에 들어가 이끼를 먹어.

순록은 이끼를 찾아 쉬지 않고 이동해. 발굽으로 눈을 헤치고 이끼를 찾아 먹는데 숲속 깊숙이 들어가야 이끼가 풍부해. 사람들도 순록을 따라 이동하며 살아!

순록과 함께 살아가는 사람들이 말해.
'순록의 핏속에는 항상 끊임없이
움직여야 하는 무언가가 있어요.'

툰드라 지역에는 야생 순록들도 살고 있는데 모습이 가축 순록과
거의 다를 게 없어. 심지어 같이 번식도 하는걸.
순록은 인간의 곁에서 썰매를 끌며 살아가지만 아직도 완전히 가축이
되지는 않았어. 순록은 아직도 가축이 되어 가고 있는 중이야! 순록의
먹이와 번식을 인간이 완전히 통제할 수 없어. 순록 유목민들은
순록의 습성에 순응하며 함께 살아. 순록 유목민 마을에 남자는
보이지 않고 여자와 아이들만 있다면, 그건 남자들이 모두 순록 떼를
따라 숲속 깊은 곳으로 갔다는 뜻이야.

하하,
먹이가 있는 곳으로
사람이 가축을 몰고 가는 게 아니라
자기들 먹이가 있는 곳으로
순록이 사람을 데려가!

순록은 다른 가축과는 완전히 달라. 가축이 되었어도 반 야생으로
살아. 주인이 먹이를 줄 필요가 없고 스스로 먹이를 찾아다녀. 주인은
약간의 소금만 준비하면 돼.

순록은 사슴 종류에 속해. 사슴은 고기의 양이 많고 맛도 좋아서 오랫동안 인류에게 가장 중요한 사냥감이었는데, 이상하게도 가축이 되지 않은 동물이야.

왜 그럴까? 사슴이 너무 예민하기 때문이야. 사슴은 우리에 가두면 견디지 못해서 소나 돼지처럼 한꺼번에 많이 모아서 키우기가 어려워.

지구에는 사슴이 수십 종류 있는데 유일하게 순록만이 가축이 되었어.

북극에 사는 사람들에게 순록은 너무 소중한 가축이야.

기후가 너무 가혹하고 황량한 북극 마을에서는 순록만이 말, 소, 양을 대신해 인간에게 고기와 젖, 털과 가죽을 줄 수 있어. 순록 유목민들은 순록으로 썰매를 끌게 하고, 순록 등 위에 타기도 해. 덩치가 조그만 순록의 등 위에 사람이 올라타면 우스꽝스럽게 보여. 하지만 덩치가 작기 때문에 말이 다닐 수 없는 울창한 숲에서 나무 사이로 요리조리 피해 다닐 수 있어!

다른 사슴과 달리
순록은 암수 모두 뿔이 있어.

북극의 아이들은 자전거 대신 순록이 있어.
순록을 타고 학교에 가면 얼마나 신날까!
아무리 추운 날씨여도 순록은 춥지 않아.
순록의 피부는 매우 두텁고 거친 털로 덮여 있어. 털 속이 비어 있어서
추위를 막아 줘. 코 위에는 더 굵고 긴 털이 나 있어서 눈밭에서도
얼지 않고 코를 처박고 이끼를 먹을 수 있어.
순록들은 먹이를 먹을 때 계속해서 낮은 소리로 짖어. 먹이를 찾아
새로운 장소로 이동할 때는 발굽을 딱딱 부딪치면서 큰 소리를 내.
수백 마리가 한꺼번에 이동하기 때문에 서로 부딪치지 않게 하려는
전략이라 추측해.
영하 50도의 바람과 눈보라도 견디는 순록에게 가장 힘든 계절은
도리어 7월과 8월이야. 여름에 순록 떼를 습격하는 모기와 쇠파리,
말파리 때문이야!
먼 옛날 빙하 시대에는 지구 어느 곳에나 순록이 살았어. 순록의 수도
굉장히 많았을 거야.
이제 야생 순록은 노르웨이와 러시아 북쪽에서만 발견돼.
스웨덴과 핀란드, 몽골 북쪽에 가축이 된 순록 떼가 유목민과 함께
살고 있을 뿐이야.

들고양이, 병아리를 훔치다 (야묘도추)
김득신, 조선 시대, 간송 미술관
ⓒ 간송미술문화재단

뿔난 어미 닭은 병아리를 되찾았을까?

푸드덕, 꼬꼬댁 꼬꼬, 삐악삐악, 우당탕탕!
난리가 났어, 난리가.
검은 도둑고양이가 병아리를 낚아채 달아나고 있어. 어미 닭이 화가
나 부리를 세우고 날개를 활짝 펼쳐, 대들 듯이 고양이를 쫓고 있어.
병아리들은 혼비백산, 주인 부부도 하던 일을 팽개치고 고양이를
향해 냅다 몸을 날려.
얼마나 급했던지 자리를 짜던 틀이 마루 밖으로 나동그라지고,
탕건은 벗겨지고, 몸을 가눌 새 없이 앞으로 고꾸라져. 마음만 급해
고양이를 향해 기다란 곰방대를 뻗쳐.
아주머니가 소리를 지르며 아저씨를 붙들려 하지만 늦었어.
고꾸라지기 일보 직전이야!

하하, 멈춰 있는 그림 한 장인데 방금 무슨 일이 일어났는지 눈앞에서
생생하게 보는 것만 같아. 병아리를 입에 물고 여유 만만, 주인 부부를
뒤돌아보며 내달리는 검은 고양이를 봐. 고양이를 바짝 뒤쫓는 어미
닭도! 새끼를 찾고야 말테다, 화가 난 어미 닭이 곧 날아오를 태세야.
하하, 닭이 정말로 새인 걸 증명하는 그림 같잖아!
이 그림은 조선 시대의 풍속화가 김득신이 그렸어. 살구나무에
꽃망울이 움트는 어느 봄날, 농가의 마당에서 벌어진 병아리 구조
대소동이 너무 웃기고, 정겹고, 긴박감이 넘쳐.
뿔난 어미 닭은 병아리를 되찾았을까? 닭은 모성애가 강해. 새끼에게
위험이 닥치면 몸집이 자기보다 커다란 동물이라도 공격해. 닭을
우습게 보면 안 돼!

닭은 오래전에 가축이 된 새야.
가축이 되기 전,
닭은 어떤 새였을까?

동남아시아 열대 우림의 덤불과 작은 나무숲에 붉은 야생 닭이 살아.
적색야계인데 닭의 조상으로 꼽혀. 동작이 매우 빠르고 민첩해.
날아다니며 주로 나무 위에서 살아.

야생 닭은
다리가 길고 몸집이 날씬해.
몸무게가 겨우 1킬로그램 정도야

가축이 되기 전에 닭은 지금보다 몸집이 훨씬 작은 새였어. 가축이 된 후에 다리가 점점 더 짧아지고 뚱뚱해졌어.

8000년 전, 동남아시아 사람들이 벼농사를 짓기 시작하면서부터 야생 닭을 길들이기 시작한 것 같아. 사람들이 야생 닭을 우리에 가두고 곡식을 먹이로 주었어. 야생 닭은 식물의 씨앗과 뿌리, 곤충, 개구리, 도마뱀을 먹었는데, 인간의 우리에서는 먹이를 사냥할 필요가 없어. 천적의 공격을 염려할 일이 없어 날아다닐 필요도 없어졌어. 날개는 작아져서 잘 날지 못하는 새가 되었어.

하지만 우리에 갇혀서도 닭들은 횃대에 잘 날아올라. 가장 힘센 수탉이 제일 높은 횃대를 차지해.

닭 사회의 서열은 엄격해. 쪼기 서열이 있어. 태어난 지 7, 8주부터 서열이 결정돼.

닭들은 최고 90마리까지 서로를 알아보고 기억할 수 있어!

서열 1위 수탉은 모든 순위의 닭을 쫄 수 있지만, 서열이 맨 끝인 닭은 쪼이기만 할 뿐 아무 닭도 쫄 수 없어.

닭들은 머리와 볏,
덜렁덜렁한 고기 수염을 보고
서로를 구별해.

우리나라에도 2000년 전부터 닭이 있었던 것 같아. 동남아시아에서 가축이 된 닭이 언제 어떻게 우리나라에 오게 되었는지는 알 수 없어. 하지만 오래전에 우리나라에 들어와 한반도에 적응한 재래 닭이 고구려 고분 벽화에 있어.

긴꼬리닭을 봐!

서기 3세기의 기록에 '꼬리 길이가 5척쯤 되는 긴꼬리닭이 있다.'고 했는데, 바로 그 닭이 그려져 있어!
볏은 홑볏이고 몸은 적갈색이야. 날카로운 며느리발톱과 치렁치렁한 꼬리를 지녀서 그 끝이 거의 땅에 닿을 정도야!
우리 땅에는 긴꼬리닭 외에도 수많은 재래 닭이 있었어.
중국 명나라의 약학서 《본초강목》에는 이런 글이 나와.
'조선 땅에는 크고 작은 여러 형태를 지닌 닭들이 있고, 전국 각지에서 산출되고 있다.'
밤낮을 가리지 않고 길게 우는 장명계, 아침에 바닷물이 밀려오면 우는 석계, 다리 길이가 2치밖에 안 되는 왜계, 키가 3~4척이나 되는 키다리 닭들에 관한 기록이 전해져 와.
하지만 일제 강점기에 우리나라의 재래 닭들이 알을 많이 낳지 않는다는 이유로 일본의 닭들에게 밀려났어.

최초의 천연기념물 닭이야.
백색 오골계는 이제 사진으로밖에 볼 수 없어.
1981년에 질병으로 멸종되었어.

그럼 우리나라의 고유 닭들이 모두 사라진 거야?
2004년부터 국제연합 식량농업기구와 가축 다양성 정보 시스템에
우리나라의 재래 닭과 외국에서 들어왔지만 우리나라에 맞게
토착화된 닭들의 이름이 등재되고 있어.
앗, 오늘은 9월 9일이야.
구구 데이, 닭과 계란을 먹는 날이야!
그런데 암탉이 어떻게 날마다 알을 낳는지 알아?
닭은 원래 한번에 번식시킬 병아리 수만큼 알을 둥지에 모은 다음
품어. 그게 12개쯤 되는데 그 수가 찰 때까지 알을 낳아. 그런데
사람이 하나씩 빼 가면 어떻게 될까?
알이 다 찰 때까지 계속 알을 낳아!
하지만 요즘의 닭은 마당이나 널찍한 우리에서 살지 못해.
빽빽한 우리에 수천 수백 마리씩 가둬 빛을 조절하며 계속 알을 낳게
해. 닭들은 해가 짧아지기 시작하는 가을이면 알을 적게 낳거나 낳지
않기 때문이야. 닭들은 비좁은 우리에 갇혀 끝없이 서로를 쪼아 대며
알 낳는 기계로 살고 있을 뿐이야. 자연에서는 20~30년까지 사는데
공장에서는 암탉이 몇 개월, 수탉은 몇 십일 만에 고기가 돼.

깜짝 놀라다
가에타노 키에리치, 1800년대 후반

거위의 조상은 기러기야

엄마야아아~. 소녀가 너무 놀라 나동그라졌어!
꽥꽥! 꽥꽥!
소녀의 몸집보다 커다란 거위들이 소녀를 습격해.
들고 있던 접시가 바닥에 떨어져 깨지고 음식이 다 쏟아져 버렸어.
야옹야옹~, 꼬끼오!
무슨 일이야?
열린 부엌 문으로 거위 2마리가 고개를 내밀어.
고양이 가족이 달려오고 어미 닭과 병아리들도 쫓아 왔어. 병아리는
커다란 거위들이 무섭지도 않은 걸까? 부리를 벌리고 소녀에게
대드는 거위를 좀 봐!
저런, 다 쏟아져 버렸잖아.

어쩌라고!

푸하하!

시골 농가의 부엌에 거위들이 쳐들어와 난장판이 되고 말았어.

이 그림의 제목은 〈깜짝 놀라다〉야.

놀라서 두 눈이 휘둥그레진 소녀 좀 봐.

이 그림은 1800년대 후반, 가에타노 키에리치라는 이탈리아의 화가가 그렸어. 키에리치는 19세기에 이탈리아에서 가장 유명한 장르 화가였어. 키에리치는 역사화나 종교화, 왕족이나 귀족을 그리는 대신 보통 사람들이 살아가는 모습을 그렸어. 특히 천진하고 사랑스러운 어린아이들의 그림을 많이 그렸어.

그리고 아주 잘 그렸어!

거위 때문에 놀라 나동그라진 소녀, 가난하지만 인형 하나로 한없이 행복해 하는 아이, 고양이에게 먹이를 주는 소녀…… 키에리치의 그림을 보고 있으면 저절로 미소 짓게 돼. 마음이 평온해져.

키에리치는 후대에 마네와 모네, 피카소만큼 유명한 화가가 되지 못했어. 비슷한 그림을 많이 그렸다고 미술 평론가들이 높게 쳐주지 않았거든.

하지만 키에리치의 그림들은 지금도 경매장에 나와 거래되고 있어. 유명하지 않아도, 평론들이 뭐라고 하든 키에리치의 그림을 좋아하는 사람들이 여전히 많다는 이야기야.

거위를 본 적 있어?

거위가 정말
저렇게 커?

거위의 조상은 기러기야

키에리치의 그림 속 거위는 몸집이 커다란 유럽 거위야.
날개는 회색이고, 엉덩이와 배, 꼬리는 희고 부리와 다리, 발은
오렌지색이야. 거위의 몸무게는 대부분 암컷이 9~10킬로그램, 수컷이
11~13킬로그램이야. 날개를 활짝 펼치면 2미터도 넘을 것 같아.
저렇게 커다란 거위들이 떼로 덮쳤으니 놀랄 수밖에!

**그거 알아?
거위의 조상은 기러기야.
야생의 회색기러기가 가축이 되어
거위가 되었어!**

회색기러기는 유라시아 대륙에 널리 퍼져 살아.
유럽 회색기러기들은 북유럽과 중부 유럽에서 번식하고 남쪽으로
날아가 지중해와 북아프리카에서 겨울을 나. 아시아의
회색기러기들은 몽골과 중국 북부에서 번식하고 겨울을 나러 멀리
인도와 파키스탄까지 날아가.
기러기 떼가 날아가는 걸 본 적 있어?

멀리멀리 날아가는
회색기러기를
어떻게 길들였을까?

거위의 조상은 기러기야

하하, 회색기러기를 붙잡아 길렀을까?

알을 품은 채 날개를 다친 회색기러기를 발견했는지도 몰라. 날지 못하는 새끼 기러기를 인간이 키웠을지도. 누가 알겠어? 기러기가 어떻게 인간의 집에 살게 되었는지.

하지만 가축이 된 기러기는 더 이상 기러기가 아니야. 날지 못하는 거위가 되었어!

거위는 날개가 아주 크고 강하지만 날지 못해. 하지만 헤엄을 잘 쳐. 사람들은 3000년 전부터 거위에게서 알과 고기, 깃털을 얻었어. 그거 알아? 밤눈이 밝은 거위는 집도 잘 지켜!

주인을 잘 알아보고 낯선 사람이나 낯선 소리에 민감해. 자다가도 낯선 사람이 오는 기척이 느껴지면 꺼웅꺼웅 커다란 소리로 울어 대.

거위가 날개를 활짝 펴고 다가가 위협하고 부리로 공격해. 밤눈이 밝아 밤에도 집을 잘 지켜!

"우리에게 맡겨! 꺼웅꺼웅!"

안녕?

나는 회색기러기야.

나는 개리야.

우리나라 거위는 개리의 후손이야. 개리가 뭐냐고? 갯가에 산다고 갯기러기라고 불리다가 '개리'가 되었어. 회색기러기와 달리 머리와 뒷목은 어두운 갈색, 등과 날개는 흑갈색이야.

개리는 3000년 전에 중국에서 가축이 되었어. 가축이 된 개리가 정확히 언제 우리나라에 왔는지는 알 수 없어. 처음에는 실용적인 가축이 아니었고 진귀한 동물이어서 사육하기가 쉽지 않았던 것 같아.

1038년, 고려 시대의 기록에 이런 말이 있어. '거위는 사육비가 많이 소요되므로 바다의 섬으로 보내라.' 하지만 300년 뒤엔 소, 돼지보다 많이 기르는 가축이 되었어. 1325년, 고려 충숙왕이 신하들에게 '앞으로는 소, 돼지를 기르지 말고 거위와 오리를 길러 제사용으로 쓰라.'고 했거든.

우리나라에서는 거위를 고기로 먹거나, 집 지키는 동물로 길렀어. 유럽에서는 거위를 요리에 이용했는데, 거위 간이 유명해. 푸아그라 말이야. 고대 이집트인들이 야생 기러기 떼가 머나먼 여행을 떠나기 전에 무화과 열매를 배불리 먹는 것을 보고, 살찐 기러기의 간이 크고 맛있다는 것을 알았어. 지금은 사람들이 거위의 간을 크게 만들려고 십여 일 동안 식도에 깔때기 관을 꽂아 옥수수를 들이부어 원래보다 10배 부풀린 간을 만들어. 당장 푸아그라 판매를 금지해야 해!

유압도(영모도)
전(傳) 홍세섭, 조선 시대,
국립중앙박물관

오리가 너를
따라올지 몰라

시원하겠다!

오리 2마리가 물결을 가르며 헤엄치고 있어.

앞에는 검은 오리, 뒤에는 흰 오리야.

앞에 가는 검은 오리가 여유 만만, 뒤돌아보며 뭐라고 이야기를 해.

뒤에 오는 흰 오리도 금방 따라잡을 기세야.

2마리 모두 한 발을 물 밖으로 내밀고 노를 젓듯 힘차게 헤엄치고 있어.

색깔이 없는데도 출렁이는 물결이 보여.

오리들이 빠르게 앞으로 나아가고 있는 게 느껴져!

드론으로 위에서 찍은 것만 같지 않아?

하하, 조선 시대에 드론이 어디에 있었겠어?

화가가 높은 바위에 올라가 오리를 내려다본 걸까?

화가의 관찰력이 대단해. 그림이 생동감이 넘쳐.

화가는 선으로 그리지도 않고 오로지 붓과 먹으로 슥삭슥삭 발랐을 뿐이야. 손목을 빙글빙글 돌려 부드럽게 오리의 목을 그리고, 오리 등짝의 절반을 연한 먹으로 그린 다음 먹을 진하게 묻혀 어깨에 점을 찍었어!

이제 가느다란 붓으로 슥삭슥삭 깃털을 그려. 순식간에 오리가 종이로 된 물 위에서 헤엄치게 되었어! 조선 시대 후기의 선비 화가 홍세섭이 그렸다고 전해지는 〈유압도〉라는 그림이야.

조선 시대의 그림이라고는 믿을 수 없을 만큼 현대적이고 신선한 그림이지 뭐야.

홍세섭은 새 그림을 많이 그렸어. 오리, 기러기, 백로, 따오기, 까치 들을 그렸는데 언제나 쌍으로 그렸어. 일찍 부인을 여의고 자식이 없었기 때문일지 몰라.

당대의 사람들도 홍세섭의 그림을 좋아해서 인기가 많았다고 해. 특히 오리는 장원 급제를 기원하는 뜻이 숨어 있는데, 한자 속에 으뜸을 뜻하는 글자가 들어 있어.

그림 속 오리는 청둥오리일까? 집오리일까?

알 수 없어. 청둥오리와 집오리는 거의 구분할 수 없을 정도로 습성이 비슷하고 서로 번식도 가능해.

집오리의 조상은 청둥오리야!

암컷보다 수컷의 몸집이 크고 색깔이 화려해.

오리가 너를 따라올지 몰라

청둥오리는 아시아, 유럽, 북아메리카에 널리 분포하는 야생 오리야.
바닷가, 호수, 습지에 무리 지어 살고 추워지면 따뜻한 곳으로
이동하는 겨울 철새야.
우리나라에도 청둥오리가 와. 10월이 되면 멀리 시베리아에서부터
3,000킬로미터를 날아 우리나라의 강과 습지로 찾아와. 이듬해
2~3월에 다시 시베리아로 날아가 번식해.

오리가 그렇게 멀리 날 수 있다고?
그렇다니까!

오리가 어떻게 그렇게 먼 거리를 날아오는 걸까? 언제, 어디로 가야
하는지 어떻게 아는 걸까?
낮의 길이가 점점 짧아지면 새들은 본능으로 알아!
낮에는 태양의 고도를 보고, 밤에는 북극성의 고도를 보며 방향을
결정해. 부리에 있는 자철석으로 위도에 따라 달라지는 지구
자기장의 방향을 감지하는지도 몰라.
하하, 북쪽에서 불어오는 계절풍도 오리를 밀어 줘.
그렇게 3,000킬로미터를 시속 60~80킬로미터의 속도로 쉬지 않고

날아 3~4일 만에 우리나라 하천과 늪지, 갯벌에 도착해!
그렇게 멀리멀리 날 수 있는 오리가 집오리가 되었다니!
지금부터 1000년쯤 전에 청둥오리는 집오리가 되었어.
이집트 나일강 변과 중국 남부의 강가에서 청둥오리를 가축으로
길들였어. 집오리가 된 뒤에는 몸집이 더 커지고 뚱뚱해졌어. 먹이를
구하러 날아다닐 필요가 없어서 나는 것을 귀찮아하게 되었어.
하지만 지금도 오리는 날 수 있어. 그렇게 멀리 날지는 못하지만
말이야.

수컷 청둥오리는 오리 종류 중에서 가장 잘 울어.
꽛꽛곽 궤궤!

집오리가 된 청둥오리와 야생의 청둥오리가 번식해 수많은 잡종
오리가 생겨났어. 사람들이 점점 더 커다란 오리, 날지 않는 오리,
순한 오리들을 골라 번식시켰고, 다양한 집오리 품종이 생겨나게
되었어.

오리는 물속에서
훨씬 우아해!

오리의 몸은 헤엄치기 좋게 생겼어. 몸이 유연하고 가슴과 배가 평평하고 넓어. 부리 위쪽, 머리 가까이에 콧구멍이 있어서 숨을 쉬고 물도 내뿜을 수 있어. 또 3개의 발가락 사이에 물갈퀴가 있어서 헤엄치기 딱 좋아.

갓 부화한 새끼 오리들도 어미를 따라 물속을 헤엄쳐!

하지만 지상으로 나오면 짧은 다리와 물갈퀴 때문에 어설프게 뒤뚱뒤뚱 걸어.

혹시 꽁꽁 언 호수 얼음판 위에 있는 오리를 본 적 있어?

오리는 겨울철 얼음 위에서도 동상에 걸리지 않아. 차가운 물속에서도 유유히 헤엄쳐. 오리의 몸과 발 사이에 '원더 네트'라 불리는 열 교환 기관이 있기 때문이야. 원더 네트는 가느다란 모세 혈관 다발이야. 발가락의 차가운 피가 곧바로 심장으로 가지 않고 모세혈관에서 데워져 심장으로 가. 거꾸로 심장에서 나오는 따뜻한 피는 모세혈관에서 차가워져 발끝으로 가기 때문에 동상에 걸리지 않아.

그거 알아? 알에서 부화한 새끼 오리는 맨 처음 본 커다란 움직이는 물체를 어미라고 생각해. 혹시 새끼 오리가 맨 처음 본 게 너라면, 너를 졸졸 따라다닐지도 몰라!

칠면조
클로드 모네, 1877년, 오르세 미술관

칠면조가 쫓아오면 너무 무서워

언젠가 파리의 오르세 미술관에 간다면, 꼭 이 그림을 관람해.
유명한 화가 클로드 모네가 그렸고, 제목은 〈칠면조〉야.
사진으로만 보아도 황홀한데, 진짜 그림 앞에 서면 가슴이
두근거릴지도 몰라!
하늘과 나무, 풀, 칠면조의 깃털에 가득한 빛과 그림자를 좀 봐.
날씨와 째깍째깍 흘러가는 시간이 느껴질 정도야.
햇살이 찬란한 오후 같아. 노을빛 구름이 움직이고 풀잎들이
소리를 내!
모네의 그림은 밝고 환해. 거친 붓으로 슥삭슥삭 칠했는데 따스한
햇살의 온기와 그늘의 서늘함이 느껴져.
물감으로 이렇게 마술을 부리는 사람은 모네뿐이야!

붓 자국이 보여? 모네의 그림들은 거친 붓 자국이 그대로 드러나서 대충 그린 것만 같아. 그림의 구도도 과감하고 놀라워. 이전의 그림들처럼 주인공이 한가운데 있고 자로 잰 것처럼 반듯한 장면들이 아니야.

흘러가고 움직이는 모든 것이 모네의 그림 속에 우연히 들어온 것만 같아!

〈칠면조〉도 그래. 맨 아래쪽에 이제 막 이 장면 속으로 들어오려는 칠면조가 보여. 머리를 디밀고 들어오는 칠면조 덕분에 놀라운 순간 포착 그림이 되었어!
제목이 칠면조인데, 칠면조들이 한가운데 있지도 않고 앞을 보고 있지도 않아. 왼쪽 중간쯤에 1마리만이 꼬리를 활짝 펴고 정면으로 관람객을 바라봐. 칠면조와 눈이 마주친 관람객의 시선이 저절로 그쪽으로 향하고 성으로 이어지는 따스한 햇살을 보게 돼!
이 그림은 로텐부르크 성을 사들인 주인이 성을 장식하려고 모네에게 주문한 거야. 그림 속에 보이는 바로 저 붉은빛 저택 말이야.
하얀 칠면조들은 로텐부르크 성에서 기르는데, 개량종이라 깃털이 모두 흰색이야.

주인이 부른 걸까? 칠면조들이 성을 향해 가고 있어. 하하, 밥 먹을 시간인지도 몰라.

칠면조는 닭과 생김새가 비슷하지만 몸집이 훨씬 크고 성질이 험악해.

칠면조는 거위처럼 용맹한 새야. 자기 영역을 침범한 낯선 동물을 가만 놔 두지 않아.

칠면조가 작정하고 쫓아오면 무서울 정도야!

《시턴 동물기》에도 칠면조가 늑대를 공격해 늑대 무리를 물리치는 이야기가 나와. 캐나다에서는 야생 칠면조를 사냥하려면 칠면조 사냥 면허를 따야 해. 사람들이 칠면조를 얕보고 함부로 덤벼들었다가 사고를 당하는 일이 많기 때문이야.

칠면조는 잡기 어려운 새로 유명해. 잘 숨고, 도망도 잘 다녀서 노련한 사냥꾼이 아니면 잡기 어려워.

수컷 야생 칠면조가
꽁지깃을 활짝 펼치면
공작 같아!

야생 칠면조는 북아메리카와 멕시코에 퍼져 살아. 낮에는 들판과 숲에서 먹이를 찾고, 밤에는 나무 위 보금자리에서 쉬고 잠을 자. 수컷 1마리와 암컷 여러 마리가 무리 지어 살아.

> **봄이 되면
> 수컷이 넓은 꽁지깃을
> 부채 모양으로 벌리고 날개를 활짝 펴.
> 날개를 땅 위로 끌면서
> 시끄러운 소리로 암컷을 유혹해.
> 캬르르르르르륵!**

울음소리가 어찌나 큰지 1킬로미터 밖에서도 들릴 정도야. 수컷이 흥분하면 머리에서 목까지 붉은색, 분홍색, 파란색…… 여러 가지 색깔이 나타나서 칠면조라 불리게 되었어.

야생 칠면조는 강하고 빠른 새야. 강한 다리와 튼튼한 날개를 가졌어. 위기가 닥치면 긴 날개를 이용해서 시속 80킬로미터의 속도로 날 수 있어. 지구력도 뛰어나서 먼 거리도 쉬지 않고 날아.

하지만 가축이 된 칠면조는
전혀 달라!

가축이 된 칠면조는 너무 무거워서 날지 못해. 목과 다리가 짧아지고 뚱뚱해졌어.

수컷 야생 칠면조의 몸무게는 7킬로그램 정도인데, 가축이 된 칠면조의 몸무게는 14킬로그램이고 최고 39킬로그램까지 나가! 평생 우리에 갇혀서 살만 찌워야 하는 신세가 되었어.

해마다 미국에서는 추수 감사절에 칠면조 고기를 먹는데, 추수 감사절에 식탁에 오르는 칠면조가 4천 5백만 마리라는 거야.

칠면조는 1500년 전, 멕시코의 인디언들이 처음 가축으로 길들였어. 멕시코를 정복한 스페인 정복자들이 칠면조를 유럽으로 데려가 전 세계에 퍼졌어. 야생 칠면조는 푸르스름한 청동색이었는데 흰색, 검은색, 갈색 칠면조 품종이 생겨났어.

가축이 된 칠면조들은 자기들이 먼 옛날에 하늘을 훨훨 날았다는 것을 알까?

개와 자고새가 있는 풍경
알렉상드르 프랑수아 데포르트, 1719년,
로스앤젤레스 카운티 미술관

개는
인류 최초의
가축이야

찾아봐!
개가 어두컴컴한 숲속에서 무언가를 찾았어!
포도 넝쿨이 휘감긴 뚱뚱한 나무 아래 자고새 2마리가 보여?
"주인님, 여기예요, 여기!"
주인에게 사냥감이 있다고 알려 주는 거야. 짖지도 않고 몸짓으로
알려 줘. 자고새가 숨어 있는 방향을 향해 코와 꼬리를 높이 치켜들고
있어!
이런 개를 본 적 있어?
그림 속 사냥개의 품종은 잉글리시 포인터야. 사냥감이 있는 곳을 콕
찍어 알려 준다고 품종의 이름이 포인터가 되었어.
이 그림의 제목은 〈개와 자고새가 있는 풍경〉이야.

이 그림은 알렉상드르 프랑수아 데포르트라는 프랑스의 화가가 그렸어. 데포르트는 프랑스 왕립 아카데미의 동물화가로 선출되어 왕실 사냥 장면을 주로 그렸어. 특히 개를 잘 그려서 루이 14세 왕의 개들을 많이 그렸다고 해. 그림 속 잉글리시 포인터도 왕실의 개일지 몰라. 방금 프랑스 왕과 귀족들이 숲속으로 사냥을 나온 건지도.

늠름한 포인터의 자태를 좀 봐.

잉글리시 포인터는 얼룩무늬와 기다란 다리, 늘어진 귀가 특징이야. 매우 영리하고 주인의 지시를 잘 따라. 속력과 지구력이 좋아서 잉글리시 세터와 나란히 최고의 사냥개야. 잉글리시 세터는 사냥감을 발견하면 소리 없이 몸을 웅크리고 앉아서 주인에게 총을 쏘라고 알려 주는 사냥개야.

사냥감을 발견하면 엄청난 속도로 뛰어가서 날아오르게 하는 사냥개도 있어. 코커스패니얼은 사냥감을 뛰어나오게 해. 엽총의 사정거리가 점점 늘어나 멀리 날아가는 야생 오리도 떨어뜨리게 되었을 땐 리트리버가 맹활약했어. 리트리버는 수영을 잘해. 물속으로 뛰어들어 야생 오리를 물어 와.

우리는 모두 사냥개야.
맡은 역할이 달라.

엽총이 발명되기 전부터 활약한 오래된 사냥개들도 있어. 유럽인들이 아직도 돌도끼로 사냥을 하던 시절에 이집트인과 수메르인들은 개를 길들여 사냥에 이용했어. 그레이하운드도 먼 옛날 이집트인과 수메르인들이 번식시킨 사냥개야.

넓은 공간에서 그레이하운드가 사냥감을 보면서 달려!
그레이하운드는 짧은 거리를 전속력으로 달리는 단거리 선수야.
다리가 길고 체형이 날씬해.

비글은 후각과 지구력이 뛰어나! 킁킁, 냄새로 사냥감을 추적해.

땅속 동물을 사냥할 땐 누가 뭐래도 테리어야! 테리어는 흙 파기 선수야. 테리어는 라틴어로 '흙'이라는 뜻이야. 땅속 동물을 사냥하는 모든 개를 테리어라고 불러.

테리어는 굴을 찾아내고 굴 밖으로 나온 동물을 아주 잘 잡아. 몸집이 커다란 테리어는 여우 굴을 찾아내 여우를 몰아대고, 몸집이 작은 테리어는 쥐같이 작은 설치류들을 사냥했어.

비글
냄새를 따라 끈질기게 추적해.

그레이하운드
시속 75km로 달려.

폭스테리어
여우 사냥은 나에게 맡겨!

개는 인류 최초의 가축이야

개들이 언제부터 인간과 함께 사냥을 하게 되었을까?
빙하기가 끝나갈 무렵, 인간이 주로 사냥하던 순록 떼와 거대한
동물들이 사라져 버렸어. 인간은 작은 동물을 사냥하러 활과 화살을
들고 숲으로 갔어. 말사슴과 하늘을 나는 도요, 물새같이 작은
동물들을 사냥할 때 개를 데려가면 수월했어. 개들이 냄새로
사냥감을 쫓고, 덤불숲이나 물위에 떨어진 사냥감을 물어 와.
그때에는 잉글리시 포인터나 그레이하운드, 비글, 리트리버로 불리던
개들이 없었지만, 사냥에 데리고 나선 개들 중에 특별히 탁월한
능력을 발휘한 개들을 선택하여 계속 번식을 시키게 된 걸 거야. 1만
5000년 전에 벌써 인간은 개와 함께 사냥을 했어. 개를 데리고 나선
사냥꾼이 그렇지 못한 사냥꾼보다 사냥을 훨씬 더 잘했을 것 같지
않아? 그렇다면 궁금해.

개는 언제부터 인간과 함께 살았을까?

고고학자와 동물학자들이 추측하기를 그건 훨씬 훨씬 더 오래되었을
거라는 거야. 어쩌면 3만~4만 년 전부터인지도!

개는 모든 야생 동물 중에 최초로 인간과 함께 살게 된 동물이야.
인류 최초의 가축이라는 말씀!
그런데 개가 어디에서 왔을까?

옛날 옛날에 개는 늑대였어!

먼먼 옛날 늑대가 개가 되었어!
어떻게 그런 일이 일어났을까?
늑대처럼 생긴 커다란 개 맬러뮤트와 시베리안 허스키부터 골든 리트리버, 폭스테리어, 시추, 다리가 작달막한 닥스훈트, 네가 기르고 있을지도 모를 치와와, 푸들, 몰티즈가 모두 늑대라면 믿을 수 있겠어?

아스니에르에서의 물놀이
조르주 쇠라, 1884년, 런던 내셔널 갤러리
© Bridgeman Images - GNC media, Seoul, 2023

개가
늑대라고?

푸들이 늑대야?
저기 잔디밭에 앉아 있는 갈색 푸들이?
주인의 등 뒤에 앉아 센강을 바라보는 푸들은 꿈에도 모를 거야. 자기 조상이 늑대라니!
이 그림의 제목은 〈아스니에르에서의 물놀이〉야.
무더운 여름날에 모자 쓴 남자들이 물놀이를 하러 강변에 나왔어.
잔디밭에 드러누운 사람, 웃통을 벗고 앉은 사람, 벌써 물속에 들어가 앉은 사람, 코를 쥐고 물속에 있는 사람…….
햇볕은 뜨겁고 물은 파래!
물속에 뛰어들고 싶지 않아?
풍덩!

강물에 돛단배들이 떠 가. 다리가 보이고 강 건너편에는 굴뚝에서
연기가 피어올라. 공장에서 일하던 노동자들이 강변에 쉬러 나왔어.
1884년, 파리 근교의 고단한 청년 노동자들의 삶과 휴식이 영원히
그림에 담겼어.

그림이 여름날의 열기처럼 몽롱해. 이 그림을 그린 화가 조르주 쇠라가
캔버스에 물감을 칠하지 않고 일일이 점을 찍어서 그렸기 때문이야.
믿어져? 저게 다 점이라니!

이 그림은 가로 2미터, 세로 3미터 크기의 커다란 캔버스에 그려졌어.
그렇게 커다란 캔버스에 가득 점을 찍었다니!

〈아스니에르에서의 물놀이〉는 쇠라가 점묘법으로 완성한 최초의
그림이야. 쇠라는 이 그림을 살롱에 출품했지만 떨어졌어. 하지만
프랑스 주류 전시회에 대항하기 위해 개최된 새로운 전시회에
출품하여 세상을 놀라게 했어. 쇠라의 뒤를 이어 신인상주의 화가들이
등장해.

쇠라는 점묘법의 창시자가 되었지만, 32세에 죽고 말아. 이 그림을
그리고 겨우 몇 년 뒤에 말이야. 갑자기 그림이 더 몽롱하고 슬퍼
보이지 뭐야.

쇠라의 그림이 여기에 나온 건 갈색 푸들 1마리 덕분이야. 그림
아래쪽에 검정 모자를 쓰고 옆으로 누워 있는 주인의 등 뒤에 푸들이
있어. 호기심에 차서 고개를 돌려 강 쪽을 바라보고 있어.

하하,
시계를 휙휙 뒤로 돌려
1만 년 전, 2만 년 전,
3만 년 전으로 돌아가
상상해!

파리의 센강에 크로마뇽인이 누워 있어. 크로마뇽인의 등 뒤에 어린 늑대 1마리가 앉아 있다고 말이야!

어쩌면 그보다 훨씬 이전에 늑대와 인간은 벌써 친구가 되었는지 몰라.

먼먼 빙하기 시대에 인간과 늑대는 함께 순록 떼를 사냥했어. 늑대가 뛰어난 후각으로 순록 떼를 쫓아 포위하면 인간은 도구를 이용해 사냥감을 죽였어.

인간과 늑대는 서로 사냥감이 비슷하고 살아가는 방식도 비슷해.

가족 단위로 무리를 이루어 살고, 다양한 소리로 서로 의사 소통하는 것도!

인간과 늑대는 서로 아주 가까이에서 살며 오랫동안 서로를 관찰했을 거야.

늑대는 야생에서 최고의 맹수야. 동물학자들은 인간이 늑대를 길들일 수는 없었을 것이라고 추측해. 어쩌면 인간이 늑대를 길들인 것이 아니라 늑대가 스스로 인간에게 온 건지 몰라.

오랫동안 가까이에서 인간을 관찰하며 인간을 두려워하지 않게 된 유순한 늑대들이 다가와 인간이 던져 주는 고기를 먹었을지도……. 그런 늑대들의 후손이 개가 되었어!

너무 공격적인 늑대는 죽임을 당하거나 다시 야생으로 쫓겨났어. 수만 년이 흐르는 동안 공격적인 유전자는 사라지고 온순한 늑대의 후손들이 인간의 무리에 남게 되었어.

인간과 함께 살게 된 늑대는 주둥이가 점점 짧아지고 이빨이 작아지고 촘촘해졌어.

야생에서 사냥하지 않고 인간이 주는 먹이를 먹었기 때문이야. 늑대는 육식 동물인데 인간과 함께 살며 잡식성으로 변해 갔어. 늑대와 개는 아직도 서로 교배할 수 있고, 늑대 새끼는 강아지와 거의 구별할 수 없을 정도야.

늑대야? 강아지야?

늑대는 인간을 만나
개가 되었어!

개는 점점 늑대와 멀어지게 되었어. 하지만 개의 모습이 늑대와 완전히 딴판이 된 건 그렇게 오래전 일이 아니야. 200~300년 전까지만 해도 개의 품종은 그렇게 많지 않았어. 기능과 크기에 따라 사냥개와 양치기 개, 큰 개와 작은 개들이 있었을 뿐이야.

그러다가 1873년, 영국에서 처음으로 도그 쇼가 열리고, 사람들이 개의 특이한 외모에 열광하기 시작했어. 순수 혈통을 잇겠다고 독특한 생김새로 태어난 개들끼리 교배를 시켰어. 특이한 생김새가 계속 계속 유전되었어. 도그 쇼에 출품하려고 지나치게 작게 태어난 개들끼리 교배시켜 초소형 개들을 만들어 냈어. 돌연변이로 주둥이가 턱없이 짧거나 다리가 짧게 태어난 개들끼리 교배시켰어. 그렇게 태어난 개들이 훗날 퍼그가 되고, 닥스훈트가 되었어.

자연에서라면 저절로 사라졌을 특성이 인간의 선택으로 점점 더 강화되어 특이한 외모를 지닌 개들이 생겨났어. 하지만 지나치게 외모만 중시해서 오랫동안 같은 품종끼리 교배시켰기 때문에 개들이 유전병을 가지고 태어나. 순종일수록 예민하고 유전병이 많아. 혹시 강아지를 기르고 싶다면 잡종 개를 데려와. 영리하고 건강하고 오래 살아.

모견도
이암, 조선 시대, 국립중앙박물관

우리나라 개를 만나

나무 아래에 어미 개와 강아지가 쉬고 있어.
앗, 어미 개는 검둥이인데, 강아지들은 누렁이, 흰둥이, 검둥이잖아?
하하, 유전자가 골고루 섞인 건강한 잡종 개야!
흰둥이와 검둥이는 어미젖을 빨고 있고, 누렁이는 벌써 배불리
먹었나 봐. 어미의 등에 늘어지게 누워 잠이 들었어.
흐뭇하게 새끼들을 바라보는 어미 개 좀 봐. 찰랑찰랑 값비싼
목걸이를 차고 있어! 어느 양반 댁에서 사랑을 받고 자란 개가
틀림없어.
이 그림의 제목은 〈모견도〉인데, 조선 시대의 문인화가 이암이
그렸어. 500년 전, 우리 땅에 살던 반려견을 보고 싶다면 지금 당장
국립중앙박물관으로 달려가.

우리나라 개를 만나

이름이 뭐였을까? 복도 많은 강아지 가족이지 뭐야.
〈모견도〉는 옛날에 우리나라에 어떤 개들이 살았는지 알게 해 주는 그림이야.
우리나라에는 크기가 중간쯤 되는 토종개들이 많았어. 수천 년 동안 개와 함께 살았지만, 우리 조상들은 개의 혈통을 따진다든가 개를 선택하여 교배하는 일은 하지 않았어. 크기가 비슷하면 저희들끼리 자유롭게 짝짓기하여 다양한 모습과 색깔의 강아지들을 낳았어. 털이 짧은 강아지, 털이 기다란 강아지도 있었어. 특별히 털이 기다란 녀석들은 더펄개, 사자개, 삽살개로 불렸어.

삽살개를 본 적 있어? 덥수룩한 털이 커다란 얼굴을 가려서 코밖에 안 보여.

삽살개는 우리나라의 춥고 더운 기후에 적응해서 속에는 가늘고 부드러운 털이, 겉에는 굵은 털이 나. 기다란 털이 눈을 가려서 주로 소리와 냄새에 의존했기 때문에 청각과 후각이 매우 뛰어나.

삽살개가 왜 삽살개인지 알아? '삽'은 퍼낸다, 없앤다는 뜻이야.
'살'은 액운을 뜻해. 삽살개는 말 그대로 '악귀를 쫓는 개'라는 뜻이야.
삽살개는 우리 옛이야기와 기록에 많이 등장하는데 신라 시대에
김유신 장군이 군견으로 데리고 다녔다는 이야기도 전해져 와. 신라
시대까지 궁중에서 귀하게 길러지던 삽살개였는데, 고려 시대부터는
평민의 집에서 널리 기르는 개가 되었어.
삽살개는 오랜 세월 우리나라의 기후와 생활에 적응한 우리
토종개야. 보릿고개로 고생하던 선조들과 함께 생활하면서 적은
먹이에도 적응했어.

삽살개는 체구에 비해 많이 먹지 않고 적당한 먹이로도 에너지를 유지해.

삽살개는 덩치와 달리 성격이 온순하고 상냥해. 주인에게 온몸으로
애정을 표현하고 충성심이 대단해. 침착하고 인내심이 많아. 위험이
닥치면 먼저 공격하지 않지만, 싸움이 벌어지면 물러서거나 포기하는
법이 없어.

삽살개는 기억력이 좋고 참을성이 많아. 하지만 강압적인 훈련을 싫어하고 교감을 통한 훈련을 훨씬 좋아해. 사냥에는 소질이 없지만 반려견으로 더할 나위 없는 우리 토종개야.

삽살개와 비슷하게 기다란 털을 가졌지만 몸집이 훨씬 작았던 개는 '발발이'라 불렸는데 지금은 멸종되었어.

하마터면 삽살개도 멸종될 뻔했지 뭐야.

1960년대 말, 삽살개 탐색 사업으로 유일하게 살아남은 삽살개 30마리로부터 삽살개 복원 사업이 시작되었어. 지금은 경산의 삽살개 육종 연구소에 400마리를 집단으로 사육하고 있고, 개인이 기르고 있는 것까지 등록된 삽살개 수는 3,000마리를 넘었어. 간신히 멸종위기를 넘겼지만 유전자가 다양한 완전한 품종이 되려면 아직도 멀었어.

삽살개에 이어 얼마 전에는 경주의 동경이가 천연기념물로 지정되었어. 동경이는 진돗개와 비슷하게 생겼는데 꼬리 없는 개야. 꼬리가 없어서 엉덩이를 흔들거나 혓바닥으로 핥는 것으로 즐거운 기분을 표현해. 다리가 길고 골격과 근육이 강하고 탄탄해. 친화력이 있고 사람을 좋아해!

우리 토종개 이야기인데
왜 진돗개 이야기는 없어?

우리 옛 그림에 진돗개를 닮은 개는 등장하지 않아. 화가들이 진돗개를 거의 볼 수 없었다는 이야기야.

왜 그럴까?

진돗개는 우리나라 전체에 흩어져 살던 개가 아니었고 이름처럼 진도라는 섬에서 주로 살던 개였어. 오랫동안 진도에 살면서 노루, 고라니, 멧토끼, 너구리, 멧돼지를 쫓아서 잡던 사냥개야.
진돗개는 오래 달릴 수 있고, 단거리는 빠른 속도로 달려. 독립심이 많고, 주인에 대한 충성심이 대단해.
진돗개가 일본 개와 닮았다고 일제 강점기에 일본이 우리나라를 대표하는 개로 지정해 버렸어. 북한을 대표하는 풍산개와 함께 말이야. 진돗개와 풍산개가 알면 기분이 나쁠걸.
일제 강점기에는 우리 땅의 개들도 수난을 당했어. 150만 마리 개들의 가죽을 벗겨 군수품으로 보냈다면 믿을 수 있겠어?

흰 고양이와 나비
아서 헤이어, 1914년, 개인 소장

고양이는 그냥
고양이일 뿐이야

고양아, 왜 그렇게 이상한 표정으로 나비를 봐?

무슨 생각해?

조용히 산책 중인데 졸졸 따라오며 나풀거리는 나비가 성가신 거야?

날아다니는 나비가 새삼 신기해 보여?

나이가 많은 고양이일까? 나비를 처음 보는 표정은 아닌 것 같은데…….

고양이의 표정을 좀 봐.

보고 있으면 저절로 고양이의 표정을 따라 짓게 돼.

참 생각이 많아 보이는 얼굴이야. 고양이만이 지을 수 있는 표정인걸.

어떻게 저런 눈을 그릴 수 있을까?

이 그림은 1914년, 아서 헤이어라는 헝가리의 화가가 그렸어.

그림 속 고양이는 화가의 고양이야. 오랫동안 함께 살아서 고양이의 심기를 잘 아는 주인만이 포착할 수 있는 표정이지 뭐야. 아서 헤이어는 고양이를 많이 그렸어. 고양이 그리기에 빠져서 별명이 캣 헤이어야.

인터넷에 들러 헤이어의 다른 고양이 그림들도 구경해. 심술꾸러기, 장난꾸러기, 호기심에 가득 찬 고양이 그림이 한가득이야. 꽃에 홀린 고양이, 상 위에 엎드러진 고양이, 풍뎅이를 건드려 보려고 안달인 고양이, 호두알을 놓고 생각에 빠진 고양이…….

헤이어의 고양이 가족 그림은 마치 부유한 귀족 가족의 초상화 같아. 어미 고양이는 귀부인 같고, 새끼 고양이들이 소공녀, 소공자 같다니까.

헤이어의 고양이 그림을 보고 있으면 화가가 고양이를 얼마나 사랑하는지 느껴져. 붓을 들고 고양이의 초상화를 그려 드리는 화가 집사 같지 않아?

고양이를 좋아해?

고양이를 싫어해?

이상도 하지. 사람들은 고양이를 너무 좋아하거나 너무 싫어해. 세계의 역사 속에서도 그랬어.

언제는 고양이가 신으로 숭배를 받다가 언제는 악마의 하수인으로 몰려 박해를 당했어.

고양이는 그냥 고양이일 뿐이야

고양이가 언제부터 인간 곁에 살게 되었을까?
1만 년 전쯤 인간이 농사를 짓고 남은 곡물을 저장하게 되었을 때부터라고 추측해. 곡식을 먹으러 쥐가 오고, 쥐를 잡으러 고양이가 왔어. 사람들은 쥐를 사냥하는 고양이가 싫지 않아서 그냥 두었어.

하지만 고양이를 길들일 수는 없었어!

말, 소, 양, 염소, 늑대, 돼지는 야생에서 무리 생활을 하기 때문에 인간의 무리에서도 쉽게 적응하여 가축이 될 수 있었어. 하지만 고양이는 달라!
고양이는 야생에서 홀로 사냥을 하며 살아. 쥐를 사냥하며 인간의 집을 들락날락할 뿐 잘 길들여지지는 않았어. 먹이도 스스로 해결하고, 번식도 제 맘대로 해.
인간의 집을 들락날락하며 사람을 두려워하지 않게 된 고양이들이 점점 집고양이가 되어 갔어.
하지만 집고양이는 야생의 고양이와 거의 모습이 달라지지 않았어.

고양이는 인간의 집에 살면서도 한 발은 여전히 야생에 두고 있어!
유연한 몸으로, 눈을 반짝이며, 소리도 없이 미끄러져 다녀. 쌀쌀맞고,
다정하고, 까칠하고, 사랑스럽고, 속을 알 수 없어. 주인에게
의존하면서도 독립적이야!
유명한 프랑스의 수필가 몽테뉴는 고양이와 놀다가 이런 말을 적어
놓았어.

> '고양이랑 놀 때면
> 내가 고양이와 놀아 주는 것인지,
> 고양이가 나랑 놀아 주는 것인지
> 알 수가 없다.'

하하, 고양이를 기르는 사람이라면 누구나 공감할 이야기일걸.
인간과 고양이, 고양이와 인간은 어떤 사이일까.
고양이는 신비스럽고 수수께끼 같은 동물이야.
고양이 생각엔 인간도 그렇겠지만 말이야.
인간과 함께 사는 동물 중에서 고양이는 몹시 독특한 존재야. 인간의
일을 도와주지도, 고기나 젖을 주지도 않아.

썰매 끄는 고양이, 인명 구조 고양이, 경호원 고양이, 맹인 인도 고양이, 폭발물 탐지 고양이, 양치기 고양이, 날아가는 원반을 낚아채 주인에게 가져다주는 고양이를 봤어?
그런 고양이는 없어!

고양이는 그냥 고양이일 뿐이야!

이상도 하지. 고양이는 가장 길들이기 어려운 동물인데 가장 사랑받는 동물이 되었어. 쌀쌀맞고, 다정하고, 조용하고, 사랑스럽고, 까칠하고, 고상하고, 도무지 속을 모르겠는 고양이가 말이야!

참새와 고양이(묘작도)
변상벽, 조선 시대, 국립중앙박물관

우리나라에는 야생 고양이가 없었어

야옹야옹~. 야옹야옹~.

고양이 2마리가 이야기를 하나 봐. 1마리는 나무 위에, 1마리는 땅에서 고개를 돌려 위를 쳐다봐.

새끼 고양이와 어미 고양이일까?

암컷 고양이와 수컷 고양이일까?

길고양이 둘이 마주친 걸까?

고목나무에 새순이 돋아나고 가지에는 참새들이 짹짹거려.

화가가 나무는 대충 그렸는데 고양이는 털 한 올 한 올까지 자세히 그려 놓았어. 고양이의 몸짓과 표정도 생생해.

이 그림은 〈묘작도〉인데, 고양이와 참새가 있는 그림이란 뜻이야.

조선 시대 후기의 도화서 화원 변상벽이 그렸어.

변상벽은 인물을 잘 그려서 영조 임금의 초상화와 덕망 있는 선비들의 초상화를 100여 점이나 그렸어.

하하, 그러니까 이건 궁중화가가 그린 고양이의 초상화잖아. 임금의 얼굴, 수염을 그리듯이 고양이의 터럭을 한 올 한 올 그린 게 아니겠어?

초상화를 그리듯이 변상벽은 주변에서 흔히 볼 수 있는 고양이를 똑같은 모습으로 그렸어. 누군가 변상벽에게 어떻게 그렇게 고양이를 잘 그리느냐고 물었던 걸까. 기록에 변상벽의 말이 전해져 와.

'무릇 고양이는 집에서 길러 날마다 사람과 친근하니 그 배고프고 배부르고 기뻐하고 성내고 움직이고 고요한 마음을 쉽게 관찰하여 익히게 되었습니다. 고양이의 이치가 제 마음에 있고 생김이 제 눈에 있은 연후에 고양이의 모습이 제 손끝에 만져져서 나오게 된 것이지요.'

하하, 고양이에 대한 화가의 마음이 느껴지지 않아?

그런데도 선비 화가들은 변상벽의 그림이 '그저 사물의 형체만 꾸미지, 흥취라고는 조금도 없다.'며 혹평했어. 어쩌면 공자 왈 맹자 왈 책 속에 파묻혀 그림을 그리던 선비 화가들이 질투가 나서 그런지도 몰라.

하지만 일반 사람들은 변상벽의 그림을 좋아했어. 고양이를 얼마나 잘 그렸는지 '변고양이'라 불릴 정도였어.

변고양이에게 하루에도 수백 명이 그림을 부탁해, 화가는 문을
닫아걸고 집에 꽁꽁 숨어 있어야 했다지 뭐야.
사람들이 왜 변상벽의 고양이 그림을 좋아했을까?
변상벽의 그림이 뛰어날 뿐 아니라 고양이 그림 속에 뜻이 있기
때문이야.
고양이의 한자 말 '묘'와 고령의 노인을 가리키는 한자 '모'가
중국어로 발음이 비슷해. 사람들이 만수무강을 기원하는 뜻으로
고양이 그림을 선물했다는 거야.
〈묘작도〉에 등장하는 참새도 뜻이 있어.
참새를 뜻하는 한자 '작'과 벼슬을 뜻하는 한자 '작'이 소리가 같아.
이제 〈묘작도〉를 해석해 볼까?

그림 속 고양이 2마리는
노부부의 장수를 뜻해.

나무 위에 앉아 있는 참새 6마리는 그 슬하의 여섯 아들이 벼슬에
나아가기를 기원한다는 뜻이야. 모두가 간절히 바라는 소원이
아니겠어?
하하, 화가가 문을 닫아걸고 숨어 버릴 만해.

우리나라에는 야생 고양이가 없었어

화가가 말한 걸 보면 조선 시대에도 집에서 고양이를 많이 기른 것 같아.

우리나라에 언제부터 고양이가 살았을까?

우리나라에는
야생 고양이가 없었어.
그렇다면
집고양이가 어디서 왔을까?

장보고의 배를 타고 중국에서 왔어!

통일 신라 시대에 선단을 이끌고 중국과 일본, 통일 신라를 오가며 큰 무역을 한 장보고의 배에 중국의 귀족들이 애완동물로 기르던 고양이도 진귀한 품목으로 실렸어. 중국의 고양이들도 옛날 서쪽 나라에서 온 진귀한 품목이었어.

하하, 집고양이가 외국에서 온 진기한 사치품이었다니!

고려 시대에도 귀족들이 애완동물로 고양이를 길렀어.

고려 시대의 문신 이규보는 검은 아기 고양이 1마리를 얻어 이런 시를 지었어.

동글동글 눈은 푸르고
모습은 범 새끼 같으며
울음은 사슴을 겁준다
붉은 끈으로 묶어 두고
누런 참새로 먹이 주니
발톱 세워 들쑤시다가
꼬리치며 껌차 따르네.

고려 시대 사람들은
고양이를 '괴니'라고 불렀어.

고양이가 다리를 괴고 웅크린 모습을 보고 '괸이', '괴니'라 불렀다는 거야. 하하, 고양이의 식빵 자세 말이야. 앞발을 뒤로 접어 가슴팍 아래 숨기고 배 아래 뒷발을 깔고 엉덩이 안으로 쏙 집어넣어. 위험이 닥치면 언제든지 달아날 수 있게 경계하며 쉬는 자세야.

앞발을 괸 자세 때문에 괴니, 괴, 고이라 불리다가 '야옹'거린다고 '고양이'가 되었다는 거야.

야옹거리는 괴니라니! 정말 예쁜 이름이지 뭐야.

조선 시대 초까지도 사대부의 집에서 귀하게 대접받던 고양이는 조선 시대 후기에 골칫거리가 되고 말았어. 양반을 따라 민가에서도 널리 고양이를 기르게 되었고, 고양이 숫자가 엄청나게 불어났어. 고양이가 집안의 고기를 훔치고 밤마다 무리 지어 다니며 시끄럽게 울어 대서 잠을 잘 수 없을 지경이 되었어.

하지만 그건 고양이의 잘못이 아니야. 도시가 생겨나고 사람들이 고기를 많이 먹게 되었기 때문이기도 해. 한양에서 하루에 소 500마리를 잡고, 선비들은 집안에 고기를 쌓아 두었어. 가난한 선비도 마당에서 닭을 길렀어.

고양이는 육식 동물이야! 고기 냄새가 진동하는 부엌에 어떻게 눈독을 들이지 않을 수 있겠어?

젊은 여인
에두아르 마네, 1866년,
메트로폴리탄 미술관

앵무새는
사람의 말을 하고
싶은 게 아니야

무얼 하는 걸까?

하얀 실크 드레스를 입은 여인이 앵무새와 함께 있어.

한 손에는 제비꽃을 들고 다른 손에는 단안경을 들고 말이야.

앵무새가 앉은 기둥 아래에는 오렌지 껍질이 벗겨져 있어. 무슨 뜻일까?

이 그림은 인상주의 화파의 창시자 에두아르 마네가 그렸는데, 제목이 〈젊은 여인〉이야.

하지만 그림 속 여인은 그냥 '젊은 여인'이 아니야.

여인의 이름은 빅토린 뫼랑, 화가의 뮤즈야!

빅토린 뫼랑은 마네가 가장 좋아한 모델이야. 마네의 유명한 다른 그림들 속에도 자주 등장해. 빅토린 뫼랑이 없었다면 마네의 걸작이

탄생하지 못했을 거라는 이야기가 있을 만큼 화가에게 중요한 모티브와 영감을 주는 모델이었어. 훗날 빅토린 뫼랑도 뛰어난 화가가 돼.

마네의 그림들 속에서 빅토린 뫼랑은 언제나 당당하고 신비로운 눈빛으로 관객을 봐.

이 그림 속에서도 그래. 메마른 표정으로 손에 든 제비꽃을 보는 것 같지만, 관객에게 수수께끼를 던지듯 신비로운 눈빛을 하고 있어.

어두운 배경 속에 하얀 실크 드레스의 촉감이 느껴지는 것 같지 않아?

이 그림에서 마네는 빅토린 뫼랑을 '감각의 여신'으로 표현했어.
뛰어난 예술가에겐 누구보다 예민하고 섬세한 감각이 필요한 법!
그림을 봐.
빅토르 뫼랑이 여신처럼 보여?
마네 이전의 옛 거장들은 여신을 표현할 때면 언제나 신화와 전설 속의 여신, 비너스나 님프의 모습으로 그렸어.

마네는 신화와 전설 속의 여신을 그리지 않았어. 대신 자기가
살아가는 시대의 보통 여인을 여신의 모델로 삼았어!
그런 이유로 마네의 그림은 전시회에서 관객들에게 비웃음을 샀어.
지금은 모두 걸작이 된 그림들이지만 말이야.
이런 이야기를 알고 다시 그림을 봐. '감각의 여신'이 무얼 하고
있는지!
이 그림 속에는 인간의 오감을 상징하는 요소가 숨어 있어. 시각,
후각, 청각, 미각, 촉각 말이야.
무엇이 무엇을 상징하는지 찾을 수 있겠어?
실크 드레스는 촉각을 상징해. 코에 댄 제비꽃은 후각을, 단안경은
시각을, 껍질이 반쯤 벗겨진 오렌지는 미각을 상징해.
그렇다면 앵무새는 무얼 상징할까?

하하, 수다쟁이 앵무새는 청각을 상징해!

앵무새는 지구에 350여 종이 있어. 머나먼 적도의 야자 숲에서부터 만년설로 뒤덮인 영하 10도의 남아메리카 대륙 끝 티에라델푸에고에도 살아. 달걀만 한 앵무새부터 작은 개만 한 앵무새도 있어. 어떤 종은 몇 킬로미터까지 울려 퍼지는 어마어마한 소리를 내. 어떤 종은 카나리아처럼 아름답고 조용한 소리를 내.

마네의 그림 속 앵무새는 회색앵무야!

앵무새는 대부분 빛깔이 화려한데 회색앵무는 이름처럼 온몸이 잿빛이야. 부리는 까맣고 꽁지에만 붉은 깃털이 있어. 몇 마리씩 무리 지어 날며 낮에 먹이를 찾고, 저녁이 되면 높은 나무 위에서 잠을 자. 수백 마리가 함께 모이기도 해.

다양한 울음소리로 서로 의사소통을 하고 30미터나 되는 까마득히 높은 나무 위에 둥지를 틀고 한번에 3~4개의 알을 낳아.

새장 속의 앵무새만 보았다면, 앵무새의 진짜 모습을 아는 게 아니야. 회색앵무는 빠르게 비행하고 날개를 부딪치며 요란한 소리를 내.

회색앵무가
날개를 활짝 펼치고
빠르게 비행해.

회색앵무는 아프리카의 열대림에 살아. 콩고, 케냐, 탄자니아의 저지대 숲과 나무가 있는 사바나와 해안의 숲에 살고, 인간이 사는 곳 가까이로는 오지 않아. 그런 회색앵무가 어떻게 마네의 그림 속에 등장하게 되었을까?

3400년 전, 인도의 옛 책에 기록되었을 만큼 오래전부터 앵무새는 말하는 새로 알려져 인간과 함께 한 새가 되었어.

말하는 앵무새 중에서도 회색앵무가 가장 말을 잘해. 지능이 높고 50~100가지 단어를 기억하고 말할 수 있어. 100가지의 물건 이름을 깨우치고 숫자를 세고 색깔과 도형을 구분할 수 있었던 유명한 앵무새 '알렉스'도 회색앵무야.

사람들은 앵무새가 인간의 말을 따라한다고 신기해하고 앵무새를 기르고 싶어 해. 중세 유럽에서 말하는 앵무새는 왕과 귀족, 교황의 전유물이었어. 훗날에는 대통령, 할리우드 배우들까지도 말하는 앵무새를 기르고, 아이들에게도 가장 인기 있는 새가 되었어. 하지만 이제 멸종위기종이 되어서 함부로 기를 수 없어. 앵무새는 인간의 말을 따라하고 싶은 게 아니야. 앵무새가 다른 새들보다 더 발달한 성대로 섬세한 소리를 내고 들을 수 있는 건 자기들끼리 의사소통을 하기 위해서야. 야생에서 동료들과 함께 있지 못하고 사람들 속에서 살게 되었기 때문에 사람들의 말을 따라할 뿐이야.

회색앵무는 후회할지 몰라.
'차라리 인간의 말을 할 줄 몰랐다면…….'
하고 말이야.

강아지들과 거북
에드가 헌트, 1933년, 개인 소장

거북을 키워 보았어?

하하, 강아지들이 신기한 듯 거북을 보고 있어.
뭐지? 뭐야? 궁금해 죽겠다는 표정이야.
궁금하기도 하고 무섭기도 하고……. 맨 앞의 강아지는 앞다리를
바닥에 바짝 붙이고 경계 태세로 거북을 노려보고 있어. 그 옆에
어리둥절한 표정으로 거북을 보는 강아지, 상자에 앞발을 척 걸치고
호기심으로 내려다보는 강아지들이 너무 귀여워. 어쩌다 거북이
마당을 가로지르게 되었을까? 절로 궁금해지는 그림이지 뭐야.
이 그림의 제목은 〈강아지들과 거북〉이야. 1933년, 영국의 화가
에드가 헌트가 그렸어. 에드가 헌트는 농장 화가라 불렸는데 작은
캔버스에 송아지와 돼지, 토끼 같은 가축과 새끼들을 주인공으로
많이 그렸어.

화가 에드가 헌트는 성격이 몹시 내성적이어서 작품을 전시하지 않고
자기가 소유했어. 그래서일까? 〈강아지들과 거북〉도 미술관에 없고,
개인이 소장하고 있다는 거야. 누구일까, 정말로 갖고 싶은 그림이지
뭐야.

에드가 헌트는 어린 시절부터 농장에서 동물들을 스케치하면서
시간을 보냈어. 〈강아지들과 거북〉은 화가가 쉰일곱 살쯤 되었을 때
그렸는데, 어쩌면 이 그림 속 강아지들과 거북도 화가가 기르던
동물인지 몰라. 그렇지 않다면 어떻게 이렇게 사랑스러운 그림이
되었겠어? 강아지 한 마리, 한 마리의 표정은 말할 것도 없고 거북의
등딱지마저 사랑스러운걸. 강아지 집에 깔아 준 담요와 지푸라기,
돌 틈에 피어난 이끼와 풀마저도 소박하고 정겨워.

화가가 거북을 가두지 않고 마당에 풀어서 키웠을까?

그러다 거북이 사라지면 어떡해?

잠시 거북을 꺼내어 산책을 시키는 중일지 몰라. 강아지들을 놀래
주려고 말이야.

거북을 키워 보았어?

거북은 지구에 살고 있는 파충류 가운데 가장 오래되었어.
뱀, 도마뱀, 악어보다 먼저 지구에 살았다는 거야. 거북은 2억 년 전에 지구에 생겨나 지금까지 거의 모습이 변하지 않았어!
거북의 등딱지를 만져 보았어?
거북의 등딱지는 정말 딱딱해.
거북이 뒤집혀 누운 걸 본 적 있어?
거북은 배도 딱딱해!

거북은 어떻게 그렇게 딱딱한 껍데기를 갖게 되었을까?

거북이 오랫동안 지구에 살았는데도 거북의 껍데기가 어떻게 생겨났는지, 거북이 어떻게 진화했는지는 아직도 정확하게 밝혀지지 않았어.
거북의 몸 구조는 다른 동물과 매우 달라.
다른 동물의 단단한 껍질은 대부분 피부가 변형된 것인데 거북의 껍데기는 뼈야! 무려 50개로 된 뼈로 되어 있어.
뼈 위를 케라틴 성분으로 구성된 각질판 피부가 덮고 있어.

거북의 뼈를 좀 봐!
등쪽과 배쪽의 뼈들이 변형되어
통처럼 변했어!

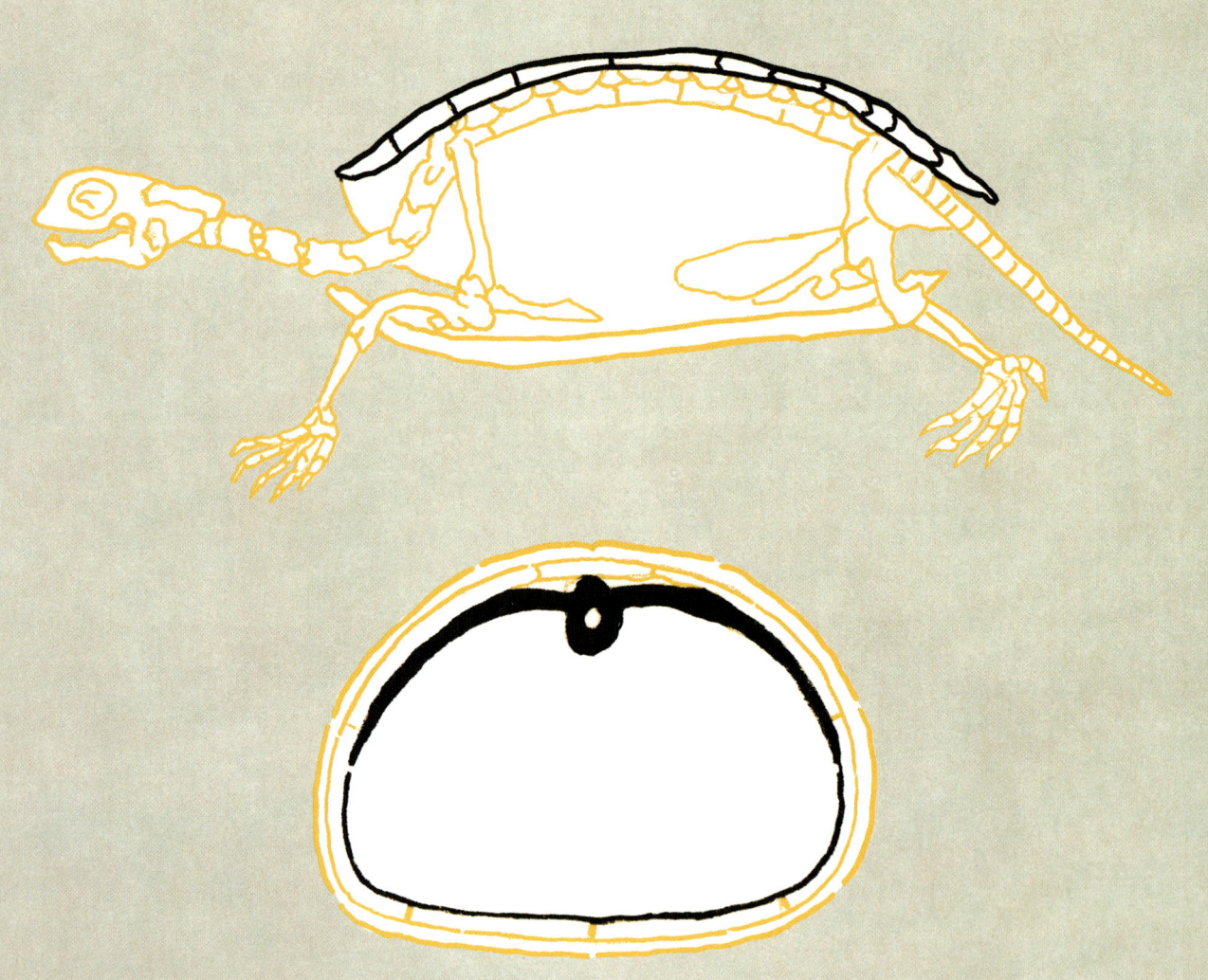

껍데기가 뼈로 되어 있어서 거북은 게처럼 껍데기를 벗고 나올 수 없어. 당연하지. 어떻게 뼈를 남겨 두고 나오겠어?
거북의 시력은 어떨까?
엉금엉금 느릿느릿 기는 거북은 시력도 나쁠 것 같지만 그렇지 않아. 육지 거북은 시각이 후각보다 뛰어나다는 말씀이야.
거북은 이빨이 없어.
그럼 어떻게 먹을까?

거북은 이빨이 없는 대신 턱이 작두처럼 생겼어. 아래위로 딱 맞물리는 작두 같은 턱으로 먹이를 잘라 식도로 삼켜. 꿀꺽!

다른 파충류처럼 거북도 평생 동안 자라. 가장 커다란 거북은 바다에 사는 장수거북이야. 등갑의 길이만 180센티미터를 넘고 몸무게는 600~800킬로그램까지 나가. 육지에서 가장 커다란 갈라파고스 거북은 몸무게가 255킬로그램이야.

거북을 길러 봐!

반수생 거북은 물에서도 살고 가끔 육지에 올라와 일광욕을 해. 얕은 수조에 물을 채우고 비스듬히 돌을 깔아서 물 밖으로 나올 수 있게 해 주어야 해.

거북을 키우려면 수조는 조용하고 밝은 곳에 두어야 해.

조용히 있고 싶을 땐 혼자 들어가 쉴 수 있게 은신처도 만들어 주어야 해. 배설물로 물이 탁해지지 않도록 여과기를 달고 자주 물을 갈아 줘. 병균이 있을 수도 있으니 거북을 만진 다음에는 반드시 비누로 손 씻는 걸 잊지 마!

하지만 거북을 데려올 땐 신중해야 해. 거북은 금방금방 자라고 수명이 길기 때문에 거북을 오랫동안 기를 수 있는지 잘 생각해야 해. 키우다가 자연에 풀어놓아서도 안 돼. 외래종 거북이 벌써 생태계를 교란하고 있어.

파충류를 무분별하게 사고팔면 동물들이 고통을 받아.

우리나라 동물 보호법에서 반려동물로 정한 동물은 개, 고양이, 토끼, 페럿, 기니피그, 햄스터뿐이야. 파충류는 반려동물로 보호받지 못해. 파충류를 파는 가게들이 비좁고 어두운 서랍식 사육장에 파충류를 가둬 놓고 팔아. 잘 움직이지 않고 소리도 없지만, 파충류는 고통을 느끼는 살아 있는 동물이야!

기니피그와 포도 바구니
안토니오 델레 베도베,
1800년대 후반~1900년대 중반

기니피그는 가장 작은 가축이야

방금 포도를 수확했나 봐. 커다란 바구니에 싱싱한 포도송이가 한
가득이야. 포도가 바구니 밖으로 넘쳐흘러.
킁킁, 냄새를 맡고 왔나 봐.
기니피그 2마리가 포도송이에 눈독을 들여.
암컷과 수컷일까?
새끼와 어미일까?
1마리는 벌써 잘 익은 포도 알맹이에 코를 갖다 대고 있어. 다른
1마리는 앞쪽을 보며 경계를 서고 있고!
헛간에 숨어 사는 기니피그일까?
어쩌면 농부가 헛간에서 키우는 기니피그일지 몰라.
어쩌면 화가가 키우는 기니피그일지도.

이 그림은 이탈리아의 안토니오 델레 베도베라는 화가가 그렸어. 초상화와 정물화를 잘 그렸는데 그림이 어찌나 정교하고 섬세한지 빨려들 듯이 보게 돼.

이 그림만 봐도 생생하기 그지없어. 사진으로 찍은 듯이 탱글탱글한 포도 알맹이 좀 봐. 바닥에 깔린 건초에서도 바스락 소리가 날 것 같아. 기니피그가 금방이라도 눈알을 굴리고 고개를 두리번거릴 것만 같아.

이 그림을 그리고 얼마나 지났을까. 화가의 노년에 제2차 세계 대전이 일어났어. 화가의 스튜디오가 있던 피렌체 마을이 공습을 당했고 화가도 목숨을 잃었어. 화가는 죽고, 기니피그는 그림 속에 영원히 살고 있어!

기니피그는 어떤 동물일까? 기니피그는 500여 년 전에 남아메리카의 잉카 제국에서 배를 타고 유럽으로 건너왔어.

이름 속에 피그가 들어있지만 기니피그는 돼지와 아무 상관이 없어.

몸통에 비해 머리가 크고, 가끔 돼지와 비슷한 소리를 내고, 많이 먹기는 하지만 말이야.

우리는 초식 동물이야

몸집은 작아도
먹는 걸 엄청 좋아해!

기니피그는 가장 작은 가축이야

기니피그는 피그라는 말이 어울리게 엄청 많이 먹어.
기니피그는 야생에서 20~40마리가 모여 함께 무리 생활을 해. 굴속을 들락날락하며 수컷 1마리와 여러 마리의 암컷, 새끼들이 함께 살아. 수컷 새끼가 자라면 아빠 수컷이 물어서 쫓아 버려.
야생에서 살던 기니피그가 어떻게 인간과 함께 살게 되었을까?
기니피그는 남아메리카에 살던 동물인데, 잉카 제국 시대에 페루 사람들이 고기를 먹기 위해 길렀어.

하하, 그렇다면 세상에서 가장 작은 가축이잖아!

꿀벌, 누에 같은 곤충 가축을 빼면 네발 동물 중에 가장 작은 가축이야.
페루의 안데스 마을에 사는 사람들은 지금도 기니피그를 가축으로 길러. 울타리도 치지 않고, 수십 마리 기니피그를 부엌 바닥에 풀어놓고 길러. 밝은 곳을 싫어해서 문을 열어 놓아도 밖으로 도망가지 않는다는 거야.

기니피그는 성질이 온순하고 풀만 뜯어다 먹이면 되기 때문에 지금도 가난한 안데스 사람들이 쉽게 기르는 가축이야.

꾸이~잉 꾸이 꾸이 운다고, 페루 사람들은 기니피그를 '꾸이'라고 불러. 가난한 안데스 사람들은 얼마 되지 않는 꾸이 고기를 아픈 날과 생일날에만 먹어.

페루의 식용 가축이 어떻게 세계인의 반려동물이 되었을까?

1532년, 페루의 잉카 제국을 정복한 스페인 사람들이 처음 기니피그를 보고 유럽에 데려갔어. 작은 토끼 같아서 식용으로 쓰였는데, 귀여운 외모에 반해 차츰차츰 애완동물로 기르게 되었어.

기니피그를 본 적 있어?

몸은 동글동글하고 다리는 짧고, 커다란 얼굴에 도톰한 입술, 호기심에 차 반짝거리는 눈이 너무 매력적이야.

후에 유럽인들이 기니피그를 데리고 미국으로 건너갔어. 미국에서 기니피그는 아이와 어른 모두에게 인기 있는 반려동물이 되었고 세계로 퍼져 나갔어.

기니피그 협회가 생겨나고 기니피그 쇼가 열렸어. 특이한 기니피그들을 교배해서 새로운 기니피그 품종을 만들었어. 털이 곱슬곱슬한 기니피그, 털이 없는 기니피크, 털이 기다란 기니피그, 통통한 미니 돼지 모양 기니피그, 얼굴에 특이한 반점이 있는 기니피그······.

인간의 반려동물이 된 지
300년 만에 모습이
다양하게 변했어.

기니피그를 기르고 싶어?

기니피그는 작지만 수명이 길어. 보통 5~7년을 살고, 기네스북에 오른 최장수 기니피그는 15년 동안 살았어. 오랫동안 기를 수 있는지 생각해 보고 데려와야 해.

기니피그는 모든 시간을 활발하게 보내고 거의 잠을 안 자. 눈을 뜨고 누워 있을 때는 쉬는 거야. 눈을 감고 있을 때는 자는 거야. 하지만 하루에 거의 20시간을 깨어 있어. 자고 싶으면 6~10분 정도 자고, 다시 일어나!

기니피그마다 좋아하는 채소와 과일이 다르고, 입맛이 매우 까다로운 기니피그도 있어.

기니피그는 야생에서 무리 생활을 하는 동물이어서 외로움을 잘 타. 같이 살던 기니피그가 죽으면 매우 슬퍼하며 먹이를 먹지 않고 물도 마시지 않는다는 거야. 그럴 땐 우리의 환경을 바꿔 주고 새로운 환경에 적응하게 해. 친구가 사라졌다는 슬픔을 잊게!

금붕어 어항
전(傳) 찰스 에드워드 페루지니, 1870년, 개인 소장

금붕어가 축구를 한다고?

조심조심!

어항이 깨질지 몰라.

금빛 드레스를 입은 여인이 어항을 두 손으로 받쳐 들고 있어.

어항 속엔 금붕어 2마리가 헤엄쳐.

금붕어가 든 어항을 통째로 선물받은 걸까?

진귀한 어항을 처음 보는 듯 신기하게 들여다보고 있어.

이 그림의 제목은 〈금붕어 어항〉이야. 1870년에 영국의 화가 찰스 에드워드 페루지니가 그렸다고 전해져.

해가 지지 않는 나라라고 불리던 영국의 빅토리아 여왕 시대에 그려진 그림답게 모든 게 화려해. 식물 문양 벽지도, 소매를 한껏 부풀린 여인의 드레스도!

지금은 금붕어가 너무 흔해 진귀하게 보이지 않지만, 이 그림을 그린 시대에는 그렇지 않았어!
금붕어는 머나먼 나라에서 온 진귀한 물고기였어.
금붕어는 1600년대에 중국을 오가던 상인들이 처음 유럽에 들여왔고, 1700년대에 프랑스에 들어왔어. 그리고 1850년에 처음으로 미국에 갔다니까.
이 그림을 그린 건 1800년대니까 그 무렵 금붕어가 영국에 왔고, 영국의 귀족 사회에서 화젯거리가 되었는지 몰라.
금붕어가 어디서 왔을까? 금붕어가 자연에 있었을까?
금붕어라는 물고기 종은 자연에 없어.

금붕어는 붕어가 돌연변이를 일으킨 거야!

민물에서 흔하게 보는 커다란 붕어가 말이야?
붕어는 예쁘지도 않고, 색깔도 화려하지 않고, 작은 어항에 들어갈 만큼 전혀 작지 않은데 어떻게 된 걸까?
하하, 그러니까 돌연변이야!
하지만 처음부터 그런 건 아니었어.

금붕어가 축구를 한다고?

옛날 옛날에 붕어가 돌연변이를 일으켜 붉은 붕어가 태어났어. 황금빛 붕어도 나타났어. 최초로 중국 진나라 시대에 붉은 붕어에 관한 기록이 나타나. 당나라 시대의 기록에도 금어, 금즉어라 불린 물고기가 나오는데, 바로 바로 돌연변이를 일으킨 붕어야.
하지만 그 옛날에 사람들이 돌연변이에 대해 알았을 리가 없어. 어느 날 색깔이 진귀한 물고기를 발견하고, 신기해서 연못에 가두어 놓고, 보고 또 들여다보았을 거야. 돌연변이 붕어들끼리 번식해 더 독특한 붕어들이 태어났어.
당나라 시대에는 양반들이 자기 집 연못에 금붕어를 기르는 게 대유행이었어. 손님이 오면 작은 어항에 담아 보여 주었어.

금붕어가 최초로 어항에 들어간 순간이야!

송나라 시대에는 실내에서 금붕어를 기르기 시작했어. 차츰차츰 모양과 색깔이 특이한 금붕어 품종들이 생겨나 유럽과 일본, 미국으로 퍼졌어. 여러 나라에서 품종을 개량해 이제 금붕어의 품종은 300종이 넘어.

금붕어들이 점점 더
이상해지고 있어!

금붕어는 이제 야생에서는 살 수 없는 물고기가 되었어. 친구들과 어울리지도 못하고 사람들이 주는 먹이나 받아먹으면서 무료하게 유리 벽 너머 세상을 바라보며 살아야 하는 금붕어에 대해 생각해 보았어?

금붕어는 '살아 있는 실내 장식품'이 아니야. 살아 있는 진짜 물고기야!

금붕어는 생각보다 오래 살아. 작은 어항 속에서도 10년을 살고, 커다란 수조라면 30년까지도 살아. 그렇게 오랫동안 유리 상자에 갇혀 살아야 한다니…….

네가 금붕어라면 어떻겠어?

게다가 금붕어에게 지능이 있다면 말이야!

금붕어가 아무런 생각이 없어 보여?

그렇다면 지금 당장 유튜브에서 축구하는 금붕어를 찾아봐.

금붕어가 물속에서 축구를 해!

어떻게 된 거냐고?

금붕어 2마리를 키우던 어느 가족이 금붕어를 훈련시켰어.

개와 말을 훈련시키듯 금붕어도 훈련시킬 수 있을까?

처음엔 금붕어가 주둥이를 축구공에 대자마자 상으로 먹이를 주었어.

다음엔 공을 한번 밀어서 움직이게 했을 때만 상을 주었어.

금붕어들이 차츰차츰 볼을 골인시키는 방법을 배워 갔어. 금붕어들은 곧 헤딩의 대가가 되었어. 보란 듯이 공을 골대에 밀어 넣고는 먹이를 기다려!

금붕어들은 다른 기술도 배웠어. 굴렁쇠와 여러 가지 장애물을 통과해. 금붕어 서커스를 개최해도 될 정도야.

천재 금붕어를 보러 친구와 친척들이 몰려오고, 신문사와 방송국에서도 몰려왔어. 인터넷으로 동영상이 퍼져 나갔어.

천재 금붕어를 따라 축구를 하는 금붕어들이 늘어나고 있어!

주인이 막대기로 공을 건드리면 움직이는 공을 보고 금붕어가 드리블을 해. 슛, 골인!

하하, 이러다가 언젠가 금붕어 월드컵이 열리게 되는 거 아닐까?

카멜레온
우스타드 만수르, 1612년, 로열 컬렉션 트러스트

카멜레온의 기분을 알아맞혀 봐

카멜레온을 좋아해?
나뭇가지에 카멜레온이 매달려 있어. 두 갈래로 갈라진 발로
나뭇가지를 꼭 움켜쥐고, 꼬리로는 가지를 감고!
어디를 보는 거야? 몸은 앞쪽으로 가는데, 눈알은 뒤쪽을 향하고
있어. 나비를 보는 것 같지 않아? 너무 웃기고 귀여운
카멜레온이잖아.
이 그림은 1612년에 우스타드 만수르라는 인도의 화가가 그렸어.
색종이만 한 조그만 종이에 붓과 잉크로 그렸는데, 오래되어서
색깔이 많이 바랬어.
만수르는 인도 무굴 제국 시대에 자항기르 황제의 궁정에서 일한
최고의 동물화가였어.

얼마나 뛰어난 화가였으면 만수르라는 이름 앞에 우스타드라는
별명이 붙었을까. 우스타드는 영어로 마스터에 해당하는 말이야.
우리말로는 대가라는 뜻 아니겠어?

만수르는 황제가 여행을 떠날 때 동행하며 가는 곳마다 동물과
식물을 그렸어.

만수르의 그림은 어찌나 섬세하고 정확한지 훗날 동물학자들에게도
귀중한 자료가 될 정도야. 1700년대에 멸종해 버린 도도새의 정확한
모습을 만수르의 그림을 보고 알 수 있어.

〈카멜레온〉은 가로 11센티미터, 세로 13센티미터의 조그만 그림인데
여기에도 카멜레온의 모습이 정확하게 그려져 있어. 나뭇가지를 잡고
있는 두 갈래로 갈라진 발과 섬세한 비늘까지도! 수백 개의 점으로
표현한 비늘이 보여?

엽서만 한 종이에 어떻게 그렇게 많은 점을 찍었을까? 색깔도 거의
쓰지 않고 나뭇잎과 나비와 카멜레온을 그렸어. 400년 전 그림인데도
개성이 넘쳐!

1612년 어느 날, 다른 나라의 희귀한 동물과 새를 실은 화물이 인도의
무굴 제국 궁정에 도착했어. 황제가 궁정의 예술가들에게 그것을
그리라고 명령했어. 카멜레온도 그중에 있었을지 몰라.

카멜레온은 아프리카 해안에서 인도로 항해하던 포르투갈 상인들이
애완용으로 기르던 동물이었어. 400년 전에도 카멜레온을

애완동물로 길렀다니 놀라운걸. 범선을 타고 망망대해를 항해하던 선원들에게 친구가 되었을지 몰라.
카멜레온은 정말 이상하게 생겼어.
카멜레온의 정체가 뭘까?

카멜레온은 뱀목, 도마뱀 아목, 이구아나 아목, 카멜레온과에 속해!

카멜레온은 이구아나와 비슷한데 다르고, 이구아나는 도마뱀과 비슷한데 다르고, 도마뱀은 뱀과 비슷한데 다르다는 이야기야!
카멜레온은 마다가스카르, 아프리카, 스페인, 아라비아, 파키스탄, 인도, 스리랑카에 서식하는데 열대의 정글에 살고 어떤 종은 사막에 살기도 해.
카멜레온을 본 적 있어?
파충류를 싫어하는 사람도 카멜레온에게는 눈길을 주지 않을 수 없을걸.

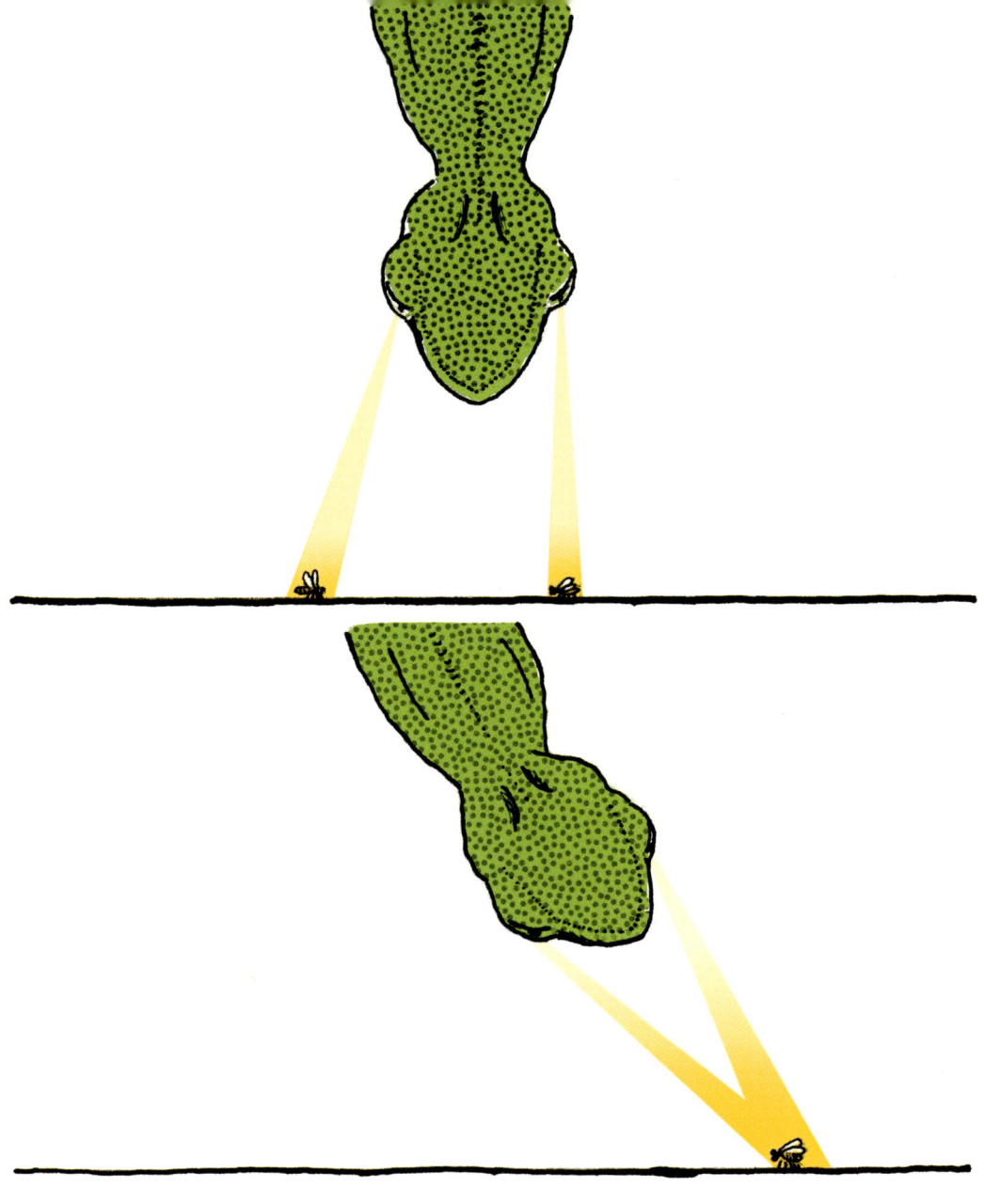

카멜레온의 눈은
따로따로 볼 수 있어!

카멜레온은 무시무시한데 귀여워. 귀여운데 무시무시해. 머리에 투구 모양 뿔이 달리고, 툭 튀어나온 커다란 두 눈으로 360도를 볼 수 있어! 뒤쪽을 보고 싶다면 몸을 돌릴 필요가 없어. 눈알만 굴려 뒤를 보거든.

심지어 양쪽 눈을 따로따로 굴리며 한 눈에 1마리씩, 파리 2마리를 동시에 따로따로 쫓을 수 있다니까! 그런데도 한쪽 눈이 보는 것을 다른 쪽 눈이 인식할 수 있어서 먹잇감을 1마리로 정하면 두 눈을 모아 초점을 맞춰. 빛의 속도로 혀를 채찍처럼 휘둘러 먹이를 낚아채. 카멜레온의 혀는 자기 몸과 다리의 길이를 다 합친 것보다도 길어. 사람과 비교하면 혀가 3미터까지 나가고, 11킬로그램의 빵을 혀로 가지고 오는 것과 같아.

카멜레온은 잡식성이지만 움직이는 먹이를 가장 좋아해. 카멜레온이 어떻게 그렇게 빨리 혀를 놀리면서 먹잇감을 혀에 붙이는지는 오랫동안 수수께끼였어.

공기와 함께 빨아들이는 게 아닐까?
혀에 끈끈이가 있을 거야.
어쩌면 찍찍이가 있을지도…….

가설이 여러 가지였는데 2018년에 비밀이 밝혀졌어.
카멜레온의 혀끝에 끈적거리는 점액이 있는데, 끈적거리는 정도가 사람의 침보다 400~1,000배나 더 강해. 그 정도라면 자기 몸집보다 큰 먹잇감도 붙일 수 있다는 거야!
그렇다면 궁금해. 그렇게 끈끈하게 붙은 먹잇감을 입안에서는 도대체 어떻게 떼어 삼킬까?
혀가 빠르게 움직일 때 접착력이 세지고, 느리게 움직이면 접착력이 줄어든다는 거야.
과학자들은 카멜레온의 색깔이 변하는 비밀도 알아냈어. 카멜레온은 어떻게 순식간에 몸의 색깔을 바꾸는 걸까?
이전에는 카멜레온의 몸에 색소가 있다고 생각했어. 색소가 모이거나 흩어져서 색깔이 변하는 거라고.
그런데 아니었어!
카멜레온의 피부 세포 안에 네모 모양, 육각형 모양의 수만 개 나노 결정 구조가 있었어! 피부를 당기거나 느슨하게 할 때 결정의 배열이 변해. 촘촘하게 배열되면 파란색으로 보여. 벌어지면 노란색이나 붉은색으로 보여. 프리즘을 통과할 때처럼 빛이 세포 안의 결정 구조를 통과할 때 여러 가지 색깔이 나타나는 거야.
카멜레온은 기분에 따라 색깔이 바뀌어!

찾아보기

가축　　4, 5, 10, 12, 23, 26, 48~50, 56, 57, 59, 62, 64, 67, 69, 74, 76, 79, 85, 94, 95, 97, 103, 124, 145, 153, 156, 157

강아지　　4, 108, 109, 111, 113, 114, 144~146

개　　4, 5, 36, 38, 45, 46, 48, 53, 96~98, 100, 102, 103, 105, 108, 110, 111, 113, 114, 116, 117, 119, 125, 140, 151, 169

개리　　78, 79

거북　　4, 144~151

거위　　4, 71~74, 76, 79, 91

고양이　　4, 5, 36, 61, 62, 71, 72, 120~132, 134, 135, 151

그레이하운드　　100~102

금붕어　　4, 160~165, 167, 169

기니피그　　4, 151~154, 156, 157, 159

기러기　　71, 74, 76, 79, 82

긴꼬리닭　　68, 69

나귀　　4, 9~15

늑대　　5, 36, 91, 103, 105, 107~111, 124

닭　　61~65, 67~69, 71, 91, 135

돌연변이　　111, 162, 164

돼지　　4, 35~39, 41~43, 57, 79, 124, 145, 154, 157

되새김질　　13, 31, 33

리트리버　　98, 102, 103

말　　4, 17, 19, 20, 22, 23, 36, 57, 124, 169

멧돼지　　40, 41, 119

무플론　　49

반려동물　　4, 151, 157, 158

병아리　　60~62, 69, 71

붕어　　162~164

비글　　100, 101, 102

사냥개　　97~100, 111, 119

사슴　　57, 58, 133

삽살개　　114, 116, 117

새끼　　20, 47, 48, 62, 76, 87, 108, 113, 122, 129, 133, 145, 153, 156

소　　4, 12, 13, 23, 25~28, 31~33, 57, 79, 124, 135

수조　　151, 167

순록　　4, 5, 52~59, 102, 107

찾아보기

아프리카야생나귀　12
애완동물　132, 157, 173
앵무새　36, 137, 139, 140, 142
야생말　20, 21, 23
양　4, 23, 26, 33, 38, 45~51, 57, 124
양털　45, 51
어미　47, 48, 61, 62, 71, 87, 113, 122, 129, 153
어항　160~162, 164, 167
염소　26, 33, 45, 48, 50, 124
오룩스　28~31
오리　4, 79, 81, 82, 84~87, 98
육식 동물　108, 135
잉글리시 포인터　97, 98, 102
지구 온난화　33
진돗개　117~119
집돼지　41
집오리　82, 83, 85
천연기념물　68, 117
청둥오리　82~85
초식 동물　28, 155

칠면조　4, 89~95
카멜레온　4, 170~176
코커스패니얼　98
토종개　114, 116~118
파충류　147, 149, 151, 173
폭스테리어　101, 103
회색기러기　74~76, 78, 79
회색앵무　140~143

참고도서

줄리엣 클루톤브록 지음, 김준민 옮김, 《포유동물의 가축화 역사》, 민음사, 1996
스티븐 부디안스키 지음, 이상원 옮김, 《개에 대하여》, 사이언스북스, 2005
스티븐 부디안스키 지음, 이상원 옮김, 《고양이에 대하여》, 사이언스북스, 2005
콘라트 로렌츠 지음, 구연정 옮김, 《인간, 개를 만나다》, 사이언스북스, 2006
클라우디아 루비 지음, 신혜원 옮김, 《수족관 속의 아인슈타인》, 열대림, 2008
하지홍 지음, 《하지홍 교수의 개 이야기》, 살림, 2008
주부의 벗 지음, 노경아 옮김, 《앵무새 교과서》, 쌤앤파커스, 2015
브라이언 페이건 지음, 김정은 옮김, 《위대한 공존》, 반니, 2016
하지홍 지음, 《한국의 개》, 글로벌콘텐츠, 2017
이희훈 지음, 《가금문화사》, 현축, 2019
아담 미클로시 지음, 윤철희 옮김, 《개》, 연암서가, 2019
야마네 아키히로 지음, 홍주영 옮김, 《고양이 생태의 비밀》, 끌레마, 2019
레이먼드 피에로티·브랜디 R. 포그 지음, 고현석 옮김, 《최초의 가축, 그러나 개는 늑대다》, 뿌리와이파리, 2019
사라 브라운 지음, 윤철희 옮김, 《고양이》, 연암서가, 2020
리처드 루트위치 지음, 윤철희 옮김, 《돼지》, 연암서가, 2020
이태원·문대승·박성준·차문석 지음, 《양서파충류 사육학》, 박영사, 2020
서준·김규섭 지음, 《가축 이야기》, EBS BOOKS, 2021
바다루 지음, 《기기묘묘 고양이 한국사》, 서해문집, 2021